Marcelo Soares da Costa

TypeScript

Gerando o JavaScript do Futuro

EDITORA
CIÊNCIA MODERNA

TypeScript – Gerando o JavaScript do Futuro

Editor: Paulo André P. Marques
Produção Editorial: Dilene Sandes Pessanha
Capa: Daniel Jara
Diagramação: Daniel Jara
Copidesque: Equipe Ciência Moderna

FICHA CATALOGRÁFICA

COSTA, Marcelo Soares da.

TypeScript – Gerando o JavaScript do Futuro

Rio de Janeiro: Editora Ciência Moderna Ltda., 2021.

1. Informática
I — Título

ISBN: 978-85-399-1000-7 CDD 001.642

Editora Ciência Moderna Ltda.
R. Alice Figueiredo, 46 – Riachuelo
Rio de Janeiro, RJ – Brasil CEP: 20.950-150
Tel: (21) 2201-6662/ Fax: (21) 2201-6896
E-MAIL: LCM@LCM.COM.BR
WWW.LCM.COM.BR **04/21**

Dedicatória

Dedico este livro a maior motivação de toda a minha vida, minha filha Isabella Costa, pelo amor incondicional e por toda a alegria que sua felicidade me traz.

Aos meus pais, Oswaldo e Nadir por acreditarem no amor à vida, e pelo apoio à minha jornada.

A todos os amigos por estenderem suas mãos e saber o valor de uma verdadeira amizade.

Em memória de Nadir Soares da Costa, que ilumine a todos.

Agradecimentos

Meus agradecimentos a todas as pessoas que contribuíram com este livro, de forma direta ou indireta, que me motivaram, contribuindo com sugestões e discussões sobre os estudos que resultaram neste livro. Aos amigos que me ajudaram no processo de tornar este livro uma realidade; a Camila Cabete pelas orientações que tornaram isso possível; a Eveline Machado pela inestimável ajuda no processo de finalização. Minhas desculpas aos que, de uma forma ou outra, contribuíram com este livro e não foram citados, mas agradeço de coração a todos os amigos e colaboradores.

Sobre o autor

O autor Marcelo Costa, graduado em Engenharia Mecânica em 1989, teve seus primeiros contatos com a informática no ano de 1990, com os programas de projeto assistido por computador, época onde se fazia necessário descobrir como funcionava tanto os softwares como os hardwares. Autodidata, iniciou a construção de pequenos aplicativos para automatizar o processo de gerenciamento do seu trabalho.

Sua inicialização na internet se deu em meados do ano de 1995. Na época se fazia necessário o uso de editores de texto puro, conhecimento de linhas de comando dos sistemas, e literalmente fuçar e aprender, o que eram aquelas linhas de códigos necessárias ao funcionamento de tudo que se referia a essa nova tecnologia. Um processo árduo, mas de grande valia para o conhecimento das linguagens de programação existentes na época.

Ainda como atividade paralela, praticamente um hobby, entre os anos de 1997 e 2000, desenvolveu o conhecimento em sistemas operacionais Linux e Unix, em especial o FreeBSD, e as inovadoras linguagens de programação que haviam na época, como Perl. Começou também a estudar novas tecnologias, como a Macromedia Flash 4, que o levou a escrever seus primeiros rascunhos, que acabaram se tornando sua primeira experiência como autor, publicando um Livro sobre o assunto em meados do ano de 2000.

A atividade paralela começou a se tornar atividade principal desde então, ingressando a vida profissional nos provedores de acesso à internet, onde era necessário ter conhecimento dos sistemas operacionais, gerência de servidores de aplicação, desde webservices a firewall, assim como lidar com as novas linguagens de programação disponíveis, como PHP e MySQL, nas quais se tornou um especialista. A experiência acumulada com os sistemas operacionais, aliada ao conhecimento em programação, evoluiu para a certificação em FreeBSD System Engineer, que permitiu participar de projetos de alta performance, unindo plataforma de desenvolvimento, FreeBSD, com as linguagem de programação de alto desempenho, PHP e MySQL. Teve o reconhecimento da comunidade PHP, https://www.phpclasses.org , recebendo o título de "Innovation Award", em fevereiro de 2007.

Focado em desenvolvimento de plataformas de grande performance, desenvolveu diversas soluções, como sistema de vendas de ingressos da casa de espetáculos Caneção, sistema que já teve o desenvolvimento de diversas versões e aperfeiçoamentos ainda ativo no mercado. Participou da elaboração do algoritmo de segurança dos ingressos do Pan Americano de 2007, sistemas de gerência médica, desenvolvimento de aplicações de transporte/instalação multicast, diversos e-comerce, com destaque a primeira Ebook Store do Brasil, Gatosabido, assim como o primeiro agregador de distribuição digital, Xeriph, http://www.xeriph.com.br, uso de plataformas de DRM, integração a todos os meios de distribuições relevantes, como Apple Store, Google Play, Amazon, entre outras.

A constante necessidade de aprender e desenvolver novas e modernas soluções na Engenharia de Software, unida a experiência de projetos de Backend e de APIs, direcionou ao estudo e aperfeiçoamento das novas tecnologias de Frontend, em especial o Framework Angular, que com sua evolução tornou-se necessário estudar mais uma importante linguagem de programação, TypeScript, que proporciona uma solução mais inteligente para o desenvolvimento de grandes aplicações de alta performance.

Prefácio

O objetivo deste livro é ajudá-lo no estudo e conhecimento desta nova abordagem de desenvolvimento de aplicações web, o TypeScript, que tem claros objetivos traçados, e fazer com que o desenvolvimento do seu código de programação use um entendimento e raciocínio mais humano.

O início deste desafio se deu durante o desenvolvimento de um sistema de gerência médica, onde as soluções adotadas foram um Backend em PHP e MySQL e um Frontend usando Angular. O rápido desenvolvimento e crescimento desta tecnologia logo começou a encontrar diversos desafios, muitas soluções foram propostas, mas grandes aplicações possuem desafios de manutenção e gerência de desenvolvimentos próprios, a gestão da geração de códigos se torna extremamente crítica, senão a aplicação passa a ter um desempenho no mínimo sofrível.

O maior problema de uma grande aplicação é o reuso de código gerado, para permitir que isso seja possível se faz necessário ter os recursos de dividir a aplicação em pequenas peças que possam ser reutilizadas, mas que gerem o menor conflito entre elas, assim como forma mais simplificada e organizada de estrutura lógica de funcionalidades.

Em busca de uma solução mais eficiente, das até então encontradas, a equipe de desenvolvimento do Angular abraçou o TypeScript como uma solução mais moderna e eficiente, que permite uma lógica ou um entendimento lógico mais humano, facilitando o reuso assim como a implementação de novos recursos. Foi uma mudança bem mais radical do que o mercado está acostumado. Isso resultou em vantagens e desvantagens como não poderia deixar de ser, ao mesmo tempo em que exige o uso de uma nova abordagem e a reescrita de códigos antigos que queiram fazer uso dos novos recursos, uma clara desvantagem, proporciona uma linguagem mais fácil pela compreensão humana, e principalmente permite que não precise ter uma grande experiência anterior em JavaScript, inclusive dando soluções mais fáceis de serem implementadas. Para ter o melhor domínio sobre esta nova abordagem se faz necessário estudar essa nova linguagem.

Percebendo que se fazia necessário estudar TypeScript para poder ter melhor domínio da solução, comecei a colecionar material de estudo, e organizar esses estudos em um material mais fácil de ser digerido. Encontrei muita dificuldade em encontrar material de qualidade, muitas das propostas eram bastante específicas e pouco genéricas para implementar em uma aplicação, sendo muito mais uma solução de um caso isolado. Isto me fez perceber a necessidade de aprofundar o conhecimento nessa linguagem, seus paradigmas, suas características funcionais, quais as soluções genéricas propostas. A compilação desses estudos me incentivaram a escrever o primeiro rascunho deste livro, que teve que ser adequado para proporcionar uma forma simples de apresentar as soluções, sem que houvesse a necessidade de conhecimento prévio de JavaScrpit ou TypeScript, apresentando as características da linguagem e o uso de exemplos de fácil entendimento.

Sumário

Capítulo 1

Capítulo 2

Capítulo 3

Capítulo 4

Capítulo 5

Capítulo 6

Capítulo 7

Capítulo 8

Capítulo 9

Capítulo 10

Capítulo 11

Capítulo 12

Capítulo 13

Capítulo 14

Capítulo 15

Capítulo 16

Capítulo 20

Capítulo 21

Capítulo 22

Capítulo 23

Capítulo 24

Capítulo 25

Capítulo 26

Capítulo 27

Capítulo 28

Capítulo 29

Capítulo 30

Capítulo 1

Introdução ao TypeScript

1.1 Entendendo o que vem a ser ECMAScript e JavaScript

1.1.1 ECMAScript

É uma linguagem de programação baseada em scripts, padronizada pela Ecma International na especificação ECMA-262. A linguagem é bastante usada em tecnologias para Internet, sendo esta base para a criação do JavaScript/JScript e também do ActionScript.

Em dezembro de 1995, a Sun Microsystems e a Netscape Communications Corporation anunciaram o JavaScript em um *press release* baseado nos trabalhos de Brendan Eichda da Netscape inicialmente com o nome Mocha, e mais tarde, Livescript. Em março de 1996, a Netscape Communications Corporation lançou o Navegador Netscape 2.0, com suporte para JavaScript. Com o sucesso do JavaScript como linguagem de scripting para o desenvolvimento de páginas Web, a Microsoft, por sua vez, desenvolveu o JScript, uma linguagem bastante próxima, incluída mais tarde no Internet Explorer 3.0 lançado em agosto de 1996.

A Netscape submeteu as especificações do JavaScript para padronização pela Ecma International e o trabalho na especificação ECMA-262 começou em novembro de 1996. A primeira edição do ECMA-262 foi adaptada pela ECMA General Assembly em junho de 1997.

ECMAScript é a linguagem de scripts padronizada pelo ECMA-262. Tanto a tecnologia JavaScript quanto a JScript são compatíveis com ECMAScript, porém cada uma delas provê recursos adicionais não descritos na especificação ECMA.

1.1.2 JavaScript

É uma linguagem de programação interpretada, originalmente implementada como parte dos navegadores para que os scripts pudessem ser executados do lado do cliente sem a necessidade de passar pelo servidor, realizando tarefas assíncronas e alterando o conteúdo do documento exibido no navegador.

É atualmente a principal linguagem para programação do lado do cliente em navegadores. Passou a ser bastante utilizada no lado do servidor por meio de ambientes como o NodeJS. Foi concebida para ser uma linguagem de script com orientação a objetos baseada em protótipos, tipagem fraca, dinâmica e funções de primeira classe. Possui suporte à programação funcional e apresenta recursos como fechamentos e funções de alta ordem, comumente indisponíveis em linguagens populares como Java e C++.

Com o advento do Ajax, o JavaScript recebeu mais atenção e o resultado foi a proliferação de frameworks, bibliotecas, práticas de programação melhoradas e o aumento no uso do JavaScript fora do ambiente de navegadores, bem como o uso de plataformas com o JavaScript no lado do servidor.

Em janeiro de 2009, o projeto CommonJS foi fundado com o objetivo de especificar uma biblioteca padrão para o desenvolvimento JavaScript fora do navegador.

1.1.2.1 Principais características do JavaScript

- **Imperativo e estruturado:** o JavaScript suporta os elementos de sintaxe de programação estruturada da linguagem C, como `if`, `while` e `switch`, mas o escopo funciona de forma diferente em relação à função.

- **Tipagem:** como na maioria das linguagens de script, os tipos são associados aos valores, não às variáveis.

- **Baseado em objetos:** o JavaScript é quase inteiramente baseado em objetos.

Os objetos JavaScript são arrays associativos aumentados com protótipos. Os nomes da propriedade de um objeto são strings:

```
obj.x = 10
obj["x"] = 10
```

Os exemplos acima são equivalentes, o ponto é apenas sintático, uma forma de representação. Propriedades e seus valores podem ser adicionados, mudados ou removidos durante a execução. A maioria das propriedades de um objeto pode ser enumerada usando uma estrutura de repetição for...in. O JavaScript possui um pequeno número de objetos padrões como window e document.

- **Funções avaliadas durante a execução:** o JavaScript inclui a função eval que consegue executar os comandos da linguagem escritos em uma string durante a execução.

- **Funções de primeira classe:** no JavaScript, as funções são de primeira classe, isto é, são objetos que possuem propriedades e métodos, e podem ser passados como argumentos, ser atribuídos a variáveis ou retornados como qualquer outro objeto.

- **Funções aninhadas:** funções internas ou aninhadas são funções definidas dentro de outras funções. São criadas cada vez que a função que as contém, externa, é invocada. O escopo da função externa, incluindo as constantes, variáveis locais e valores de argumentos, fazem parte do estado interno de cada objeto criado a partir da função interna.

- **Fechamentos:** o JavaScript permite que as funções aninhadas sejam criadas com o escopo léxico no momento de sua definição e possui o operador entre parênteses ( ) para invocá-las em outro momento. Essas combinações de códigos que podem ser executados fora do escopo no qual foram definidos, com seu próprio escopo durante a execução, são denominadas na Ciência da Computação de fechamentos.

- **Protótipo:** o JavaScript usa protótipos em vez de classes para os mecanismos de herança. É possível simular muitas características de orientação a objetos baseadas em classes como protótipos.

- **Funções e métodos:** diferentemente de muitas linguagens orientadas a objetos, não há distinção entre as definições de uma função e a definição de um método em JavaScript. A distinção ocorre durante a chamada da função, que pode ser como um método, quando uma função é chamada como o método de um objeto, ou pela palavra-chave this da função, que é associada àquele objeto pela invocação.

1.1.2.2 A evolução do JavaScript

O uso primário do JavaScript é escrever funções que são embarcadas ou incluídas nas páginas HTML e que interagem com o modelo de objeto de documentos, DOM, da página HTML. Alguns exemplos deste uso são:

- abrir uma nova janela com controle programático sobre seu tamanho, posição e atributos;

- validar os valores de um formulário para garantir que são aceitáveis antes de serem enviados ao servidor;

- mudar as imagens à medida que o mouse se movimenta sobre elas.

Pelo fato de o código JavaScript rodar localmente no navegador do usuário e não em um servidor remoto, ele permite responder a tais ações rapidamente, fazendo uma aplicação mais responsiva. Além disso, o código JavaScript pode detectar ações do usuário que o HTML sozinho não pode, tais como, teclas pressionadas individualmente.

Por ser o JavaScript a única linguagem que a maioria dos navegadores populares suporta, ele tem se tornado uma linguagem-alvo para muitos frameworks em outras linguagens, a despeito do fato não ter sido planejado para tal. Possui limitações de desempenho inerentes à sua natureza dinâmica e a crescente velocidade das implementações têm feito do JavaScript, na prática, uma linguagem intermediária.

1.1.2.3 Padronizações

5ª Edição - ES5 (2009):

Yahoo, Microsoft, Google, entre outros, formaram sua própria subcomissão para projetar uma atualização do ECMAScript 3, provisoriamente chamado de ECMAScript 3.1.

Esta edição se concentra nas atualizações de segurança e de bibliotecas com uma grande ênfase na compatibilidade.

Após a disputa pública, as equipes ECMAScript 3.1 e ECMAScript 4 concordaram com um compromisso: as duas edições seriam trabalhadas em paralelo, com a coordenação entre as equipes para garantir que o ECMAScript 3.1 continuasse a ser um subconjunto estrito do ECMAScript 4, tanto em semântica como em sintaxe.

No entanto, as diferentes filosofias de cada equipe resultaram em quebras repetidas das regras do subconjunto e ficou duvidoso se o ECMAScript 4 seria implementado no futuro.

Após mais de um ano do desacordo sobre o futuro do ECMAScript no âmbito do Comitê 39 e do Ecma técnico, as duas equipes chegaram a um novo acordo em julho de 2008: Brendan Eich anunciou que o Ecma TC39 teria foco no trabalho no ECMAScript 3.1, mais tarde renomeado como ECMAScript, 5ª edição do projeto, com plena colaboração de todas as partes, e teria como alvo pelo menos duas implementações compatíveis no início de 2009.

Em abril de 2009, o Ecma TC39 publicou o projeto final de sua 5ª edição e anunciou que o teste de compatibilidade das implementações, que era esperado, seria concluído em meados de julho.

Em 3 de dezembro de 2009, o ECMA-262 5ª edição foi finalmente publicado.

6ª Edição - ES6 - ECMAScript 2015:

A 6ª edição, oficialmente conhecida como ECMAScript 2015, foi finalizada na atualização de junho de 2015.

Acrescenta uma nova sintaxe significativamente alterada para escrever aplicações complexas, incluindo classes e módulos, mas se define semanticamente nos mesmos termos do ECMAScript 5 em strict mode.

Outros novos recursos incluem os iteradores **for/of** para loops, geradores de expressões, funções de setas, dados binários, matrizes digitadas, coleções, promessas, números e melhorias matemáticas, reflexão e proxies, metaprogramação para objetos virtuais e wrappers. A lista completa de suporte é extensa.

A especificação para os navegadores com suporte para ES6 é ainda incompleta, entretanto o código ES6 pode ser transpilado no código ES5, que tem um apoio mais consistente entre os navegadores.

A transpilação adiciona um passo extra ao processo de construção, enquanto permite adicionar outras funcionalidades, incluindo outros arquivos JavaScript.

7ª Edição - ECMAScript 2016:

A 7ª edição, oficialmente conhecida como ECMAScript 2016, foi finalizada em junho de 2016. Os novos recursos incluem o operador de exponenciação **, Array.prototype.includes, decoradores etc.

1.2 O que vem a ser TypeScript?

É comum encontrarmos referência em que o TypeScript é um superconjunto do JavaScript. Afinal, o que isto quer dizer?

Basicamente, significa que é uma extensão do JavaScript, também denominado de o JavaScript que escala, pois o objetivo principal é fornecer funcionalidades que ainda não estão presentes nativamente no JavaScript suportado pelos atuais navegadores. O TypeScript é escrito em conformidade com a ES6 e pode ser transpilado no código JavaScript ES5, já que os atuais navegadores ainda não suportam completamente a especificação ES6, mas suportam a ES5.

Muitas são as vantagens dessa abordagem. A principal é que seu código gerado atualmente será um código válido nas futuras versões, um código sem erros, pois já foi validado pelo compilador e devidamente transpilado no código JavaScript compatível. Outra grande vantagem é o melhor entendimento do seu código no futuro, pois um código de alto nível é muito mais fácil de fazer a manutenção, pois é melhor compreendido sintaticamente.

O uso da chamada **syntactic sugar**, mais doce, tem por finalidade tornar suas construções mais fáceis de ser lidas e expressas. Ela faz com que o uso da linguagem se torne mais humana, permitindo que suas funcionalidades sejam expressas mais clara e concisamente ou, ainda, como um estilo alternativo preferido por alguns, permitindo que o programador se preocupe mais com o comportamento do código, já que os recursos serão fornecidos pelo compilador.

O TypeScript teve origem nas deficiências percebidas para o desenvolvimento de aplicações em larga escala no JavaScript. Os desafios de lidar com um código JavaScript complexo levou à demanda por ferramentas personalizadas para facilitar o desenvolvimento de componentes na linguagem.

Sabendo que a proposta padrão ECMAScript atual prometeu apoio no futuro para a programação baseada em classes, o TypeScript usou como base essa proposta. Isso levou a um compilador JavaScript com um conjunto de extensões de sintaxe da linguagem, um super ou superset com base na proposta, que transforma as extensões TypeScript em JavaScript regular. Neste sentido, o TypeScript foi uma prévia do que esperar das futuras versões de ECMAScript. Um aspecto único não presente na proposta acrescentou ao TypeScript a tipagem estática opcional, que permite a análise de linguagem estática, facilitando o suporte às ferramentas e ao ambiente de desenvolvimento.

Por sua vez, o Google apresentou em 2011 o Traceur, que é um compilador JavaScript do futuro para JavaScript suportado, que permite usar os recursos do futuro hoje. Suporta a ES6, bem como algumas características experimentais - características futuras, mas experimentais. É um compilador que tem o ECMAScript 6º edição, incluindo as classes, geradores, destrutores e muito mais, e compila para o JavaScript regular o ECMAScript 5ª edição, que é executado em seu navegador.

Existem algumas ferramentas para transpilar os códigos genéricos para diversas linguagens de programação. A ideia básica é fornecer uma escrita mais humana e transcrever um resultado em diferentes linguagens de programação. Apenas para citar um exemplo, iremos referenciar o transcritor Haxe - **https://haxe.org.**

1.3 Boas práticas em TypeScript

O uso de uma linguagem mais humana e, portanto, mais compreensível, nos faz pensar em uma forma de melhor aproveitarmos o trabalho que realizamos, estruturando nossa codificação de forma mais simples e organizada. Pensando nisso, a implementação do TypeScript também foi focada para nos permitir a construção de componentes reutilizáveis.

Uma padronização sugerida para que tenhamos maior êxito nos recomenda alguns princípios básicos:

- **Princípio da responsabilidade simples:**

  Criar arquivos separados para cada funcionalidade/propriedade, procurando nomear os arquivos com o mesmo nome da funcionalidade/propriedade e o escopo que ela representa, por exemplo, componente ou serviço. Assim, fica mais fácil podermos reutilizar esse componente ou serviço em vários locais de nossa aplicação, bem como em diferentes aplicações, economizando horas de trabalho.

Procure não exceder mais de 400 linhas de código Se, por acaso, seu arquivo tiver muito mais que isso, é bem provável que você possa dividi-lo em arquivos menores, com descrições e funcionalidades mais bem definidas.

Pequenas funções com menos de 75 linhas de código. Se isto foi excedido, considere reexaminar sua lógica. Tente dividir suas funcionalidades entre as genéricas e as específicas sempre que possível, assim, fica muito mais fácil compreender o que e como é executado em sua função, facilitando o reuso e o teste de seu funcionamento.

- **Nomenclatura:**

Considere o uso de nomes para todos os tipos de funcionalidades. O recomendado é nomear os arquivos da forma **funcionalidade.tipodefuncionalidade.ts.**

Para os nomes de arquivos, utilize sempre letras minúsculas com o uso de pontos e hífen para separar as características, por exemplo, **pessoas-detalhes.componente.ts.**

Para o nome de funcionalidades, utilize **camelCase** compatível com o nome do arquivo, como arquivo **camel-case.ts** com a funcionalidade **camelCase**. Isto nos ajuda a encontrar determinada funcionalidade em nossa aplicação com maior facilidade.

Evite o uso de abreviações, pois pode ocorrer risco de ambiguidade.

- **Estrutura:**

As estruturas de pastas/diretórios devem ser divididas de forma a facilitar o entendimento. Uma pasta **app** deve delimitar a aplicação, e também é recomendado que cada componente tenha sua própria pasta.

1.4 Por que aprender TypeScript?

O JavaScript foi originalmente construído para ser uma linguagem de script no lado do cliente e por muitos anos foi limitado a scripts manipuladores de eventos: DOM. Com isso, o JavaScript tem muitas limitações para escrever e manter aplicações em larga escala.

Com o HTML5, ficou implícito desenvolvermos e entregarmos aplicações cada vez mais ricas para os usuários. Devido a essa necessidade, a criação de aplicações em JavaScript de grande escala é uma tarefa difícil e bem trabalhosa. O TypeScript torna essa tarefa bem mais fácil de ser realizada devido à complexidade das atuais interfaces do usuário, front-end. Permite diminuir o tempo de latência das aplicações, a troca de informações entre cliente e servidor, a captura de informações locais como geolocalização e trabalhar de forma assíncrona, principalmente no que tange a conectividade. É essencial para atender os requisitos de mobilidade e diversidade de plataformas que uma aplicação moderna precisa ter.

A rápida evolução dos chamados frameworks em JavaScript e a necessidade de uniformizar e facilitar o desenvolvimento de aplicações fizeram com que empresas como Google e Microsoft se unissem em torno do TypeScript como uma solução para o desenvolvimento de aplicações, permitindo a criação de componentes, novas e poderosas bibliotecas JavaScript, como React e Angular2 que fazem uso do TypeScript como gerador do código JavaScript para criarem os componentes de suas aplicações que estendam a linguagem HTML.

Capítulo 2

Instalando o TypeScript

Faremos uma instalação limpa do TypeScript e das ferramentas necessárias para o nosso aprendizado.

2.1 Instalando o NodeJS

NodeJS é um interpretador de código JavaScript que funciona no lado do servidor. Seu objetivo é ajudar os programadores na criação de aplicações de alta escalabilidade, com códigos capazes de manipular dezenas de milhares de conexões simultâneas em uma única máquina física. O NodeJS é baseado no JavaScript V8, que é um interpretador de JavaScript *open source* implementado pelo Google em C++ e utilizado pelo Chrome. Foi criado por Ryan Dahl em 2009, e seu desenvolvimento é mantido pela empresa Joyent, onde Dahl trabalha. Para instalar o Node, basta baixar o executável de instalação que se encontra no endereço **https://nodejs.org**; instale a versão current de acordo com sua plataforma.

Ao instalarmos o NodeJS, automaticamente instalamos também o gerenciador de pacotes denominado npm - node package manager, que consiste em uma linha de comando que permite a instalação de pacotes que utilizam o interpretador de código NodeJS, e entre esses pacotes, temos o TypeScript. Para instalarmos, precisamos executar a linha de comando. Abra o prompt de comando e na linha de comando, digite:

```
npm install -g typescript
```

Pressione **Enter** e serão instalados o interpretador TypeScript e o compilador de maneira global, ou seja, poderá ser invocado pela linha de comando mesmo fora do diretório corrente. Para verificar se você obteve sucesso na instalação, basta digitar na linha de comando:

```
tsc -v
```

Se a instalação for bem-sucedida, será mostrada qual versão do compilador TypeScript foi instalada.

2.2 Ferramentas de desenvolvimento – IDE

- **Visual Studio Code:** ferramenta desenvolvida pela Microsoft, também chamada de VS Code, é excepcional para o desenvolvimento com TypeScript, React e Angular. Possui autocomplemento, inteligentsense, validação de código em tempo real e compilador TypeScript/JavaScript embutido, provavelmente o ambiente de desenvolvimento mais utilizado para o TypeScript. Para baixar a ferramenta, siga as instruções em **https://code.visualstudio.com,** assim como os denominados snippets, criadores de blocos de código, ou seja, extensões que criam um bloco de código que facilita a padronização da escrita do código e ajuda você automatizando e lembrando como se cria determinado bloco de código. O link do snippet do TypeScript para o VS Code é **https://marketplace.visualstudio.com/items?itemName=xabikos.JavaScriptSnippets.**

- **Atom**: um dos melhores e mais completos editores de código, com excelentes recursos e é o preferido de muitos desenvolvedores. Seu link para download é **https://atom.io/** e possui inúmeras extensões e snippets. Para o TypeScript, o link é **https://atom.io/packages/atom-typescript.**

- **Sublime**: outro excelente editor e seu link para download é **http://www.sublimetext.com/.** *É* bastante parecido com o Atom e possui também snippet para o TypeScript. Pode ser encontrado em **https://packagecontrol.io/packages/TypeScript** com todas as instruções necessárias para a instalação.

- **Eclipse**: poderosa ferramenta criada pela IBM e largamente utilizada para os desenvolvedores Android, Java, PHP. Altamente customizável, possui uma versão especializada para o TypeScript que pode ser baixada no endereço **http://typecsdev.com/,** onde temos também instruções para adicionar uma extensão para o TypeScript, caso você queira aproveitar uma versão já instalada.

- **Netbeans:** outra popular IDE desenvolvida pela extinta Sun e agora sob a tutela da Oracle, é muito utilizada por desenvolvedores Java, PHP e bastante poderosa. O link de download pode ser obtido em **https://netbeans.org/.**
- Também possui um plug-in para o TypeScript em **http://plugins.netbeans.org/plugin/60605/typescript-editor.**
- **Vim**: a versão do melhor editor de linha de comando Vi com uma GUI torna esta IDE uma das mais poderosas. Seu link de download pode ser obtido em **http://www.vim.org/** e seu plug-in para o TypeScript pode ser obtido em **http://www.vim.org/scripts/script.php?script_id=5151.**

2.3 Instalação e configuração da IDE Visual Studio Code

- Abra seu navegador favorito e faça o download do Visual Studio Code, também denominado VS Code em **https://code.visualstudio.com**. Abra o VS Code, crie o diretório de seu projeto, pressione **ctrl + shift + b** na barra de ferramentas **task.** Navegue pelas opções e marque a opção **TypeScript watch mode** para criar o arquivo **task.json.** Salve esse arquivo no diretório de seu projeto.

Conteúdo do arquivo task.json:

```
{
    // See https://go.microsoft.com/fwlink/?LinkId=733558
    // for the documentation about the tasks.json format
    "version": "0.1.0",
    "command": "tsc",
    "isShellCommand": true,
    "args": ["-w", "-p", "."],
    "showOutput": "silent",
    "isWatching": true,
```

```
        "problemMatcher": "$tsc-watch"
    }
```

Para completar a configuração pela linha de comando, vá até a pasta de seu projeto e digite **tsc --init** na linha de comando para criar o arquivo **tsconfig.json**, que é o arquivo de configuração de seu compilador TypeScript.

Edite esse arquivo no VS Code alterando a chave **sourceMap: "false"** para **sourceMap:"true"**, para permitir o uso da ferramenta de debug do VS Code. Logo abaixo da entrada **sourceMap**, adicione o item **outDir**, com o parâmetro entre aspas e o nome da pasta na qual você deseja salvar o resultado da compilação de seu TypeScript. Recomendo utilizar o nome **scripts** ou **src**, ficando assim: **outDir":"scripts/,** e na chave **target**, utilizaremos **es5** e iremos alterar para **es6** quando for necessário para algumas características desta versão.

Conteúdo do arquivo **tsconfig.json:**

```
{
    "compilerOptions": {
        "module": "commonjs",
        "target": "es5",
        "noImplicitAny": true,
        "sourceMap": true,
        "outDir": "scripts/"
    }
}
```

Instale o **ts-node,** que é o ambiente de execução do TypeScript para o NodeJS, e na linha de comando digite:

```
npm install -g ts-node
```

Instale também o plug-in **code runner**, que pode ser adquirido no endereço:

https://marketplace.visualstudio.com/items?itemName=formulahendry.code-runner

Digite no VS Code a combinação **ctrl+p,** abrirá uma caixa de diálogo, digite o comando a seguir:

```
ext install code-runner
```

Este plug-in será extremamente útil para testarmos nossos códigos diretamente no VS Code. Basta marcar parte do código, ou todo código do script, e com o botão direito, selecionar **Run Code**. Como alternativa, use a combinação de teclas **Alt+Ctrl+n,** e o código será compilado e interpretado no próprio VS Code.

Opcionalmente, podemos instalar o lite server, o servidor web do NodeJS, pela linha de comando digitando:

```
npm install - g lite-server
```

Para executar o **lite server**, digite na linha de comando **lite-server.** Será aberto o navegador padrão configurado em seu ambiente de desenvolvimento no endereço **http://localhost:3000.**

2.4 Instalação e configuração para IDE Atom

Baixe o Atom a partir do endereço **https://atom.io/.**

O Atom possui um gerenciador de pacotes denominado apm que permite instalar extensões para diversas linguagens de programação. Para baixar a extensão para TypeScript, basta digitar na linha de comando:

```
apm install atom-typescript
```

Abra o Atom, crie o diretório de seu projeto, digite **ctrl + shift + b** na barra de ferramentas **task**, navegue pelas opções e marque a opção **TypeScript watch mode** para criar o arquivo **task.json.** Salve esse arquivo no diretório de seu projeto.

Para instalar o plug-in pela própria IDE, clique em **File -> Settings** ou use o atalho **ctrl + vírgula,** e busque por TypeScript.

2.5 Outras ferramentas de desenvolvimento

- **Typescript Playground**: você pode usar o compilador TypeScript on-line, que pode ser útil para verificar algum erro ou simplesmente poder visualizar o código JavaScript gerado pelo compilador. O endereço é **http://www.typescriptlang.org/play/.**

- **Scratch JS**: o plug-in do Google Chrome nos mostra o resultado da compilação do ES6 no JavaScript a partir dos transpilers Traceur e Babel. Não são exatamente iguais ao TypeScript, mas merecem a citação.

- **VS Code-chrome-debug:** a ferramenta de debug, que permite combinar o VS Code e o navegador Chrome, pode ser obtida com instruções em inglês no endereço **https://github.com/Microsoft/vscode-chrome-debug**

Capítulo 3

Anotações de tipo – Tipos básicos

O TypeScript, como diz o próprio nome, é uma linguagem baseada em tipos, mas como sua declaração é opcional, o compilador busca sempre o tipo mais adequado quando ele não é declarado; na compilação, é gerado um JavaScript que verifica se a tipagem está de acordo com a tipagem declarada.

Precisamos ser capazes de trabalhar com algumas das tipagens de dados mais simples, tais como, números, strings, estruturas, valores boolianos e similares. O TypeScript suporta os mesmos tipos que você esperaria no JavaScript.

É importante notar que quando pensamos em TypeScript, há sempre um tipo envolvido, seja ele um tipo primitivo, seja um tipo criado pelo utilizador. Por hora, iremos conhecer os tipos primitivos.

3.1 Tipo booleano

O tipo de dados mais básico é o booleano (**boolean**), um simples verdadeiro ou falso.

```
let completo: boolean = false;
```

3.2 Número

Como no JavaScript, no TypeScript todos os números são valores de ponto flutuante com a declaração do tipo **number**. Além de hexadecimal e literais decimais, o TypeScript também suporta literais binários e octais introduzidas no ECMAScript de 2015.

```
let decimal: number = 6;
let hexadecimal: number = 0xf00d;
let binario: number = 0b1010;
```

```
let octagonal: number = 0o744;
```

3.3 String

Usamos o tipo string para nos referir a tipos de dados textuais. Assim como o JavaScript, o TypeScript também usa aspas duplas (“) ou aspas simples (‘) para delimitar o valor da string.

Você também pode usar strings modelos, que podem ocupar várias linhas e têm expressões incorporadas. Essas sequências são delimitadas pelo caractere de crase (`) e as expressões podem ser incorporadas na forma **${ expr }**.

```
let cor: string = "blue";
cor = 'red';

let nomeCompleto: string = `Marcelo Costa`;
let idade: number = 50;
let sentenca: string = `Olá, meu nome é ${ nomeCompleto }.
Vou fazer ${ idade + 1 } anos no próximo mês.`
//Isto é equivalente a declarar a sentença da seguinte
forma:

let outraSentenca: string = "Olá, meu nome é " +
nomeCompleto + ".\n\n" +
    "Vou fazer " + (idade + 1) + " anos no próximo mês."
```

3.4 Array

O TypeScript, assim como JavaScript, nos permite trabalhar com matrizes de valores. Os tipos de matriz podem ser escritos de duas maneiras.

Na primeira, você determina o tipo de elemento, seguido de [ ], para anotar uma matriz com esses tipos de elementos.

A segunda maneira utiliza um tipo de matriz genérica, **Array<elemType>:**

```
let lista: number[] = [1, 2, 3];
let outraLista: Array<number> = [1, 2, 3];
```

3.5 Tuple

A tuple permite expressar em uma matriz um número fixo de elementos de tipos conhecidos, mas não precisam ser os mesmos. Por exemplo, você pode querer representar um valor como um par de string e número.

Ao acessar um elemento com um índice conhecido, o tipo correto é recuperado:

```
let x: [string, number];
x = ["olá", 10]; // correto
x = [10, "olá"]; // produzirá um erro
```

3.6 Enum

Uma adição útil para o conjunto padrão de tipos de dados a partir do JavaScript é o **enum**. Como nas linguagens como C#, um **enum** é uma maneira de dar nomes mais amigáveis aos conjuntos de valores numéricos.

Por padrão, os enums começam a enumeração de seus membros a partir de 0 (zero). Você pode mudar isso configurando manualmente o valor de um de seus membros. Por exemplo, pode-se iniciar o exemplo anterior em 1, ao invés de 0.

Também é possível configurar manualmente todos os valores de uma enumeração.

Um recurso útil nos enums é que você também pode ir de um valor numérico para o nome desse valor na enumeração. Por exemplo, se tivéssemos o valor 2, mas não tivéssemos certeza de que isso foi mapeado, poderíamos procurar o nome correspondente:

```
enum minhaCor1 {Vermelho, Verde, Azul};
let c1: minhaCor1 = minhaCor1.Verde;
```

```
enum minhaCor2 {Vermelho = 1, Verde, Azul};
let c2: minhaCor2 = minhaCor2.Verde;

enum minhaCor3 {Vermelho = 1, Verde = 2, Azul = 4};
let c3: minhaCor3 = minhaCor3.Verde;

enum minhaCor4 {Vermelho = 1, Verde, Azul};
let nomeCor: string = minhaCor4[2];

console.log(nomeCor);
```

No VS Code, marque o código anterior e use a tecla de atalho **ctrl+alt+n**. Assim, executamos o plug-in **code-runner** e você poderá ver o resultado no **frame output** ou se preferir, com o botão direito, selecione a opção **Run Code** e verá o resultado mostrado na Figura 3.1:

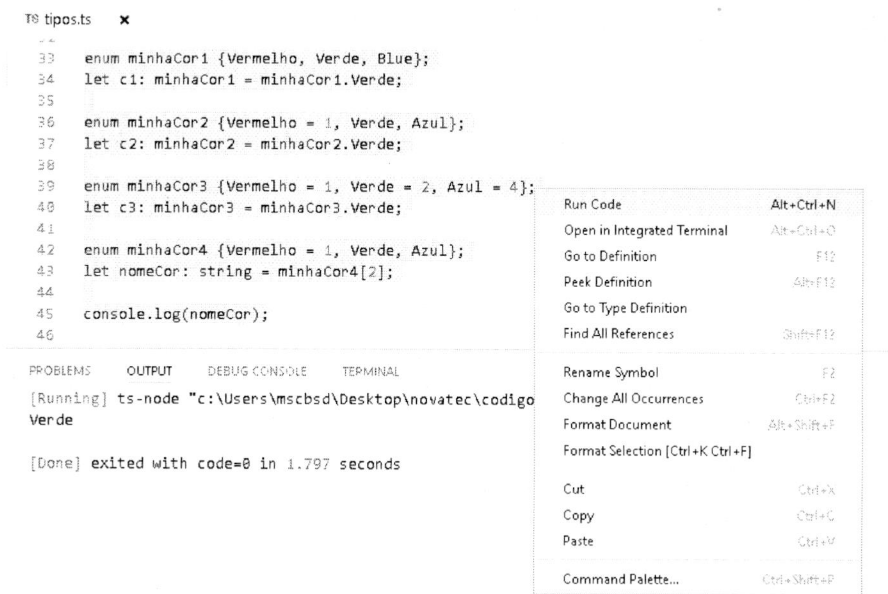

Figura 3.1 – enum code runner no VS Code.

3.7 Any

Podemos precisar descrever o tipo de variável que ainda não sabemos quando estamos escrevendo um aplicativo. Esses valores podem vir de um conteúdo dinâmico, por exemplo, do usuário ou de uma biblioteca etc. Para fazer isso, podemos usar o tipo **any**.

O tipo **any** é uma maneira poderosa de trabalhar com o TypeScript, permitindo que você não verifique a tipagem durante a compilação. Você pode especificar **Object** para fazer um papel semelhante, como se faz em outras linguagens. Mas, as variáveis do tipo **Object** só permitem que você atribua valores a elas, não é possível chamar métodos arbitrários nelas, mesmo aqueles que realmente existem.

O tipo **any** também é útil se você sabe alguma parte da tipagem, mas talvez não ela toda. Por exemplo, você pode ter uma matriz, mas a matriz tem uma mistura de diferentes tipos:

```
let naoSei: any = 4;
naoSei = "uma string qualquer";
naoSei = false;
let listaQualquer: any[] = [1, true, "um texto qualquer"];
```

3.8 Void

O tipo **void** é de certa forma o oposto de **any**, ou seja, a ausência de ter qualquer tipo. Você pode ver isso comumente como o tipo de retorno de funções que não retornam nenhum valor.

Declarar variáveis do tipo **void** não é útil, porque você só pode atribuir **undefined** ou **null** a elas.

```
function imprimeTela(): void {
    console.log("Uma mensagem qualquer");
}
let qualquerCoisa: void = undefined;
```

3.9 Tipo de afirmação, assertions

É uma maneira de dizer ao compilador: "Confie em mim, eu sei o que estou fazendo". É um tipo de afirmação, mas não executa nenhuma verificação especial ou reestruturação de dados. Não tem nenhum impacto durante a execução e é usada exclusivamente pelo compilador. O TypeScript pressupõe que você, o programador, realizou todas as verificações especiais necessárias.

Tipo afirmações têm duas formas. Uma delas é a sintaxe **angle-bracket** e a outra é a sintaxe **as**:

```
let algumacoisa: any = "isto é uma string";
let tamanhoString: number = (<string>algumacoisa).length;
let tamanho: number = (algumacoisa as string).length;
```

Os exemplos são equivalentes. Usar um ou outro é principalmente uma escolha de preferência, no entanto, quando se utiliza o TypeScript com JSX, apenas a sintaxe **as** é permitida.

Capítulo 4

Declarações de variável

Você deve ter notado que até agora temos utilizado a palavra **let** em vez de **var**. A palavra-chave **let** é, na verdade, uma declaração mais recente disponível no TypeScript. Muitos problemas comuns no JavaScript são resolvidos usando **let**, então, você deve usá-la, em vez de **var**, sempre que possível.

Os tipos **let** e **const** são relativamente novas formas de declarações de variáveis no JavaScript. Como mencionamos anteriormente, **let** é semelhante a **var** em alguns aspectos, mas permite que os usuários evitem algumas das armadilhas comuns que ocorrem no JavaScript. O tipo **const** é um complemento de **let**, na medida em que impede a reatribuição a uma variável.

Sendo TypeScript um superconjunto do JavaScript, a linguagem apoia naturalmente **let** e **const**. Aqui, iremos comentar mais sobre essas novas declarações e por que são preferíveis de ser utilizadas ao invés de **var**.

4.1 Declarações var

Declarar uma variável no JavaScript sempre tem sido tradicionalmente feito com a palavra **var**.

```
var valor = 10;
```

Como você pode ter descoberto, apenas se declarou uma variável chamada **valor** com o valor igual a 10.

Também podemos declarar uma variável dentro de uma função:

```
function qualquer(){
    var variavel = "bem-vindo";
```

```
        return variavel;
    }
```

Também podemos aceder a essas mesmas variáveis dentro de outras funções:

```
    function f(){
        var a = 10;
        return function g(){
            var b = a+1;
            return b;
        }
    }
    var g=f();
    g(); // imprime  o valor 11
```

No exemplo anterior, **g** captura a variável **a** declarada em **f**, em qualquer ponto em que **g** é chamado, com o valor a ser vinculado ao valor de **a** em **f**. Mesmo se **g** for chamado uma vez, **f** será feito em execução e será capaz de acessar e modificar **a**.

```
    function f(){
        var a = 1;
        a=2;
        var b = g();
        a = 3;
        function g(){
            return a;
        }
    }
    f(); // retorna o valor 2
```

4.1.1 Regras do escopo

A declaração **var** tem algumas regras de escopo estranhas para aqueles acostumados com outras linguagens. Veja o seguinte exemplo:

```
function f(algumaCoisa: boolean) {
    if (algumaCoisa) {
        var x = 10;
    }

    return x;
}
console.log(f(true));  // retorna o valor '10'
console.log(f(false)); // retorno o valor indefinido
'undefined'
```

A variável **x** foi declarada dentro do bloco **if** e ainda assim fomos capazes de acessá-la de fora desse bloco. Isso porque as declarações **var** são acessíveis em qualquer lugar que contenha a função, módulo, namespace ou escopo global, sobre o qual falaremos mais tarde, independentemente do bloco em que está. Algumas pessoas chamam isso de **var scoping** ou função de escopo. Os parâmetros também são funções de escopo.

Essas regras de escopo podem causar vários tipos de erros. Um problema comum é o fato de que não é um erro declarar as mesmas variáveis várias vezes:

```
function somaMatrix(matriz: number[][]) {
    var soma = 0;
    for (var i = 0; i < matriz.length; i++) {
        var elemento = matriz[i];
        for (var i = 0; i < elemento.length; i++) {
            soma += elemento[i];
        }
    }
    return soma;
}
```

Talvez fosse mais fácil identificá-las fora, mas a interação **for** acidentalmente substitui a variável **i** por causa da referência à mesma variável com escopo de função. Como os desenvolvedores experientes sabem isso, pode ser uma fonte inesgotável de frustração.

4.1.2 Peculiaridades da captura de variáveis

Veja um segundo exemplo:

Use o **code runner** para exibir o resultado do código a seguir:

```
for (var i = 0; i < 10; i++) {
    setTimeout(function() {console.log(i); }, 100 * i);
}
```

Para quem não conhece, **setTimeout** tentará executar uma função depois de certo número de milissegundos e o resultado é a repetição do valor 10, como mostrado na Figura 4.1.

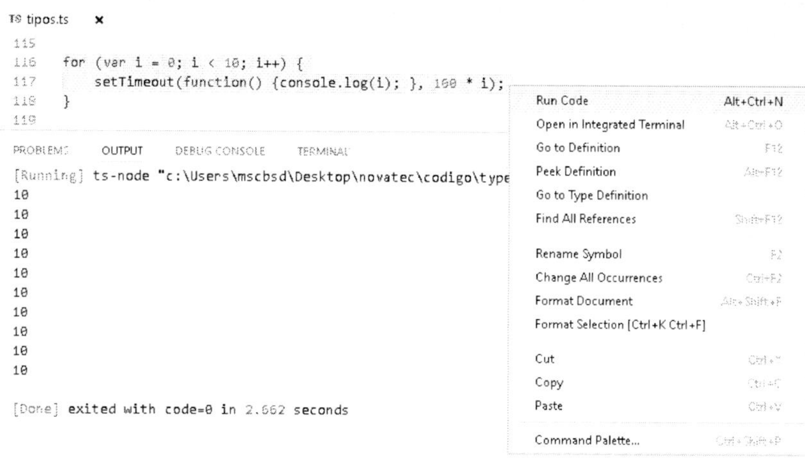

Figura 4.1– Comportamento de var.

Muitos desenvolvedores de JavaScript estão intimamente familiarizados com esse comportamento, mas se você estiver surpreso, certamente não está sozinho.

Lembra que mencionamos anteriormente a captura de variável?

Em qualquer ponto em que **g** for chamado, o valor a será vinculado ao valor do **a** em **f**.

Daremos um minuto para considerar que, neste contexto, **setTimeout** executará uma função depois de algum número de milissegundos, e também após **for**. Até **for** parar sua execução, o valor de **i** será 10. Assim, cada vez que a função dada for chamada, ela imprimirá o valor 10.

A solução comum é usar um **IIFE** (uma função de Expressão Imediata) para capturar **i** a cada iteração:

```
for (var i = 0; i < 10; i++) {
    // captura o valor de 'i'
    // chama a funcao com o valor corrente
    (function(i) {
        setTimeout(function() { console.log(i); }, 100 * i);
    })(i);
}
```

Este padrão de aparência estranha é realmente bastante comum.

4.2 Declarações let

Agora que você descobriu que **var** tem alguns problemas, é precisamente por isso que as declarações **let** são uma nova forma de declarar as variáveis. As declarações **let** são escritas da mesma maneira como as declarações **var**.

```
let algumaCoisa = "algumValor";
```

A principal diferença não está na sintaxe, mas na semântica.

4.2.1 Bloco de escopo

Quando uma variável é declarada usando **let**, ela usa o que se chama de **lexical de escopo**, ou bloco de escopo, que fica entre as chaves de abertura e fechamento da declaração da variável. Ao contrário das variáveis declaradas com **var**, cujos escopos vazam de suas funções, as variáveis de blocos de escopo não são visíveis fora do seu bloco mais próximo.

```
function f(entrada: boolean) {
    let a = 100;
    if (entrada) {
        // pega o valor de 'a' que está no escopo maior
        let b = a + 1;
        return b;
    }
    // produz um erro porque não existe b neste escopo
    return b;
}
```

Aqui, temos duas variáveis locais, **a** e **b**. O alcance de **a** é limitado ao corpo de **f**, enquanto o escopo de **b** é limitado ao bloco que contém **f**.

As variáveis declaradas em uma cláusula **catch** também têm regras de escopo semelhantes.

```
try {
    throw "algum resultado";
}
catch (e) {
    console.log("Ocorreu um erro.");
}
// produz um erro, pois 'e' não faz parte deste escopo
console.log(e);
```

Outra propriedade de variáveis com bloco de escopo é que elas não podem ser lidas nem escritas antes de serem realmente declaradas. Embora essas variáveis estejam presentes, todos os pontos até a sua declaração são parte de sua **zona morta temporal**. Esta é apenas uma forma sofisticada de dizer que você não pode acessá-las antes da declaração **let** e felizmente o TypeScript deixará você saber disso.

```
a++; // produz um erro, pois 'a' ainda não foi declarado
let a;
```

Algo a notar é que você ainda pode capturar uma variável com bloco de escopo antes dela ser declarada. O único problema é que é ilegal chamar essa função antes da declaração. Se a segmentação for ES2015, uma execução lançará um erro. No momento, o TypeScript é permissivo em não relatar isso como um erro, mas deve ser evitado, pois pode mudar em qualquer atualização.

```
function foo() {
    // pronto para capturar o valor de 'a'
    return a;
}
// chamada ilegal de foo antes de declarar 'a'
foo();
let a;
```

4.2.2 Redeclarações e sombreamento

Com as declarações **var**, mencionamos que não importa quantas vezes você declarou suas variáveis, você só tem um escopo.

```
function f(x) {
    var x;
    var x;
    if (true) {
        var x;
    }
}
```

No exemplo anterior, todas as declarações de **x** realmente se referem ao mesmo **x**, e isso é perfeitamente válido. Isso muitas vezes acaba sendo uma fonte de problemas. Felizmente, as declarações **let** não são tão tolerantes.

```
let x = 10;
let x = 20; // produz um erro de redeclaração
```

Essas variáveis não precisam ser necessariamente de bloco de escopo para nos dizer que há um problema.

Isso não quer dizer que variável com bloco de escopo nunca pode ser declarada como uma variável com escopo de função. A variável com bloco de escopo apenas necessita ser declarada dentro de um bloco distintamente diferente.

```
function f(condicao, x) {
    if (condicao) {
        let x = 100;
        return x;
    }
    return x;
}
f(false, 0); // retorna o valor '0'
f(true, 0);  // retorna o valor '100'
```

O ato de introduzir um novo nome em um âmbito mais aninhado é chamado de sombreamento. É um como uma faca de dois gumes, pois pode introduzir determinados erros por conta própria, em caso de um sombreamento acidental. Por exemplo, imagine escrevermos nossa função **somaMatriz** usando **let**.

```
function somaMatriz(matriz: number[][]) {
    let soma = 0;
    for (let i = 0; i < matriz.length; i++) {
        var elemento = matriz[i];
```

```
            for (let i = 0; i < elemento.length; i++) {
                soma += elemento[i];
            }
        }
        return soma;
    }
```

Esta versão do loop realmente executará o somatório corretamente porque o loop interno **i** sombreia o **i** do laço externo.

Geralmente, o sombreamento deve ser evitado no interesse de escrever um código mais claro. Embora existam alguns cenários nos quais pode ser apropriado tirar proveito dele, você deve usar o bom senso.

4.2.3 Captura variável com bloco de escopo

Para dar uma melhor ideia de como funciona um bloco de escopo, cada vez que uma aplicação é executada, é criado um ambiente de variáveis. O ambiente e suas variáveis capturadas podem existir mesmo depois de tudo dentro do seu âmbito terminar a execução.

```
function cidadesMaravilhosa() {
    let pegarCidade;
    if (true) {
        let cidade = "Rio de Janeiro";
        pegarCidade = function() {
            return cidade;
        }
    }
    return pegarCidade();
}
```

Como capturamos cidade dentro de seu ambiente, ainda somos capazes de acessá-la, apesar do fato de o bloco **if** ter terminado a execução.

Lembre-se do exemplo anterior **setTimeout**, quando acabamos precisando usar um **IIFE** para capturar o estado de uma variável para cada iteração de **for**. O que fizemos foi criar uma nova variável de ambiente para as nossas variáveis capturadas. Isso foi um pouco trabalhoso, mas felizmente, você nunca terá que fazer isso de novo.

As declarações **let** têm um comportamento radicalmente diferente quando são declaradas como parte de um loop. Ao invés de apenas a introdução de um novo ambiente para o próprio loop, esta espécie de declaração cria um novo escopo por iteração. Uma vez que isto era o que estávamos fazendo de qualquer maneira com o **IIFE**, podemos mudar o nosso velho exemplo **setTimeout** para usar apenas uma declaração **let**. Como mostra a captura a seguir, a Figura 4.2 obtida usando o code runner no VS Code demonstra o resultado esperado quando usamos **let**.

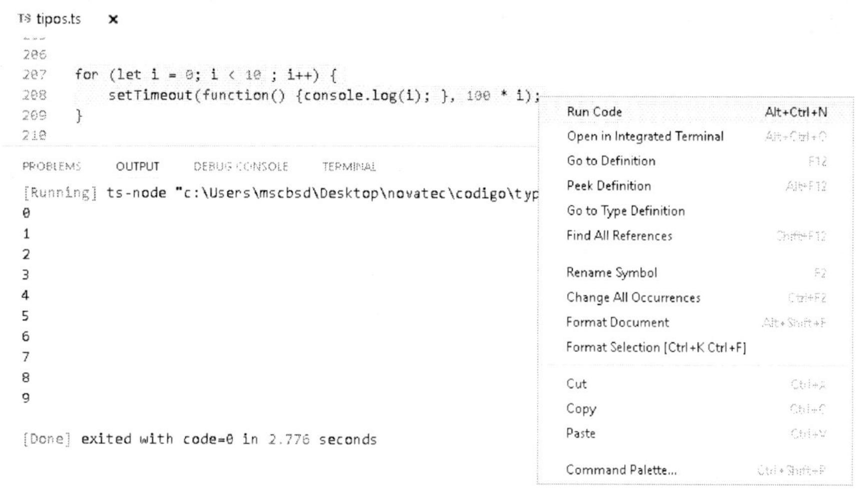

Figura 4.2 – Escopo com let.

4.3 Declarações const

As declarações **const** são outra forma de declarar as variáveis.

```
const cidadeMaravilhosa = "Rio de Janeiro";
```

São como declarações **let**, mas, como seu nome indica, seu valor não pode ser alterado, uma vez que estão vinculados. Em outras palavras, eles têm as mesmas regras de escopo que **let**, mas você não pode voltar a atribuir nada a elas.

Isso não deve ser confundido com a ideia de que os valores a que se referem são imutáveis.

```
const numeroRodas = 4;
const carro = {
    nome: "BMW",
    totalDeRodas: totalDeRodas,
}

// Produz um erro
carro = {
    nome: "Volks",
    totalDeRodas: totalDeRodas
};

// não produz erro
carro.nome = "Mercedez";
carro.nome = "Chevrolet";
```

A menos que você tome medidas específicas para evitá-lo, o estado interno de uma variável **const** ainda será modificável.

4.4 let ou const

Dado que temos dois tipos de declarações com a semântica de escopo semelhante, é natural que nos perguntamos qual deles usar. Como a maioria das questões gerais, a resposta é: depende.

Aplicando o princípio do menor privilégio, sempre que não pretendemos modificar, devemos usar **const**. O raciocínio é que se uma variável não precisa ser declarada para outras pessoas que trabalham na mesma base de código, terá que considerar se elas realmente precisam voltar a atribuir um valor à variável. Usar **const** também torna o código mais previsível quanto ao raciocínio sobre o fluxo de dados.

Por outro lado, **let** não é mais do que **var** com um escopo limitado e muitos usuários irão preferir sua brevidade. Este livro usa as declarações **let** sempre que possível — use o bom senso.

Capítulo 5

Desestruturação

Outra característica ECMAScript 2015 que o TypeScript tem é a desestruturação e nesta seção, daremos um breve resumo.

5.1 Desestruturação matriz

A forma mais simples de desestruturação é a atribuição da matriz de desestruturação:

```
let lista = [1, 2];
let [um, dois] = lista;
console.log(um); // imprime o valor 1
console.log(dois); // imprime o valor 2
```

Isso cria duas novas variáveis nomeadas **um** e **dois**. Isto é equivalente a usar a indexação, porém é muito mais conveniente:

```
let primeiro = lista[0];
let segundo = lista[1];

console.log(primeiro);// imprime o valor 1
console.log(segundo);// imprime o valor 2
// Com parâmetros para uma função:
function funcaoLista([primeiro, segundo]: [number, number])
{
    console.log(primeiro);
    console.log(segundo);
}
```

```
funcaoLista(lista); // imprime 1 e 2
```

Você pode criar uma variável para os demais itens em uma lista usando a sintaxe **"...nome"** (reticências nome):

```
let [primeiro, ...outros] = [1, 2, 3, 4];
console.log(primeiro);// imprime o valor 1
console.log(outros);// imprime os valores [2,3,4]
```

Você pode simplesmente ignorar declarando somente o que lhe convém:

```
let [primeiro] = [1, 2, 3, 4];
console.log(primeiro); // imprime o valor 1
```

Ou outros elementos:

```
let [, segundo, , quarto] = [1, 2, 3, 4];
console.log(quarto);// imprime o valor 4
```

5.2 Desestruturação de objetos

Você também pode desestruturar os objetos:

```
let obj = {
    a: "foo",
    b: 33,
    c: "bar"
}
let {a, b} = obj;
```

Isso cria novas variáveis **a** e **b** de **obj.a** e **obj.b**. Observe que você pode pular **c** se não precisar dele.

Como a desestruturação da matriz, você pode ter cessão sem declaração, ou seja, atribuir diretamente:

```
let { a, b } = { a: "teste", b:99 };
```

Observe o símbolo de uma chave,"{"; ela é analisada como o início do um bloco.

5.2.1 Renomeação da propriedade

Você também pode dar nomes diferentes às propriedades:

```
let {a: novoNomeA, b: novoNomeB} = obj;
```

Você pode ler **a: novoNomeA** e também **a** como **novoNomeA**. A direção é da esquerda para a direita, como se você tivesse escrito:

```
let novoNomeA = obj.a;
let novoNomeB = obj.b;
```

O tipo, se você o especificar, ainda precisa ser escrito depois de toda a desestruturação:

```
let {a, b}: { a: string, b: number } = obj;
```

5.2.2 Valores padrões

Os valores padrões permitem que você especifique um valor padrão no caso de uma propriedade indefinida:

```
function tenhoAlgumObjeto(algumObjeto: { a: string, b?:
number, }) {
    let {a, b = 1001} = algumObjeto;
}
```

A função **tenhoAlgumObjeto** tem agora uma variável para **algumObjeto**, assim como as propriedades **a** e **b**, mesmo se **b** for indefinido.

5.3 Declarações de funções

A desestruturação também trabalha nas declarações de funções. Para os casos simples:

```
type C = { a: string, b?: number };
function funcaoMinhaLista({a, b}: C): void {
}
```

Mas especificar valores padrões é mais comum para os parâmetros, pois atribuir valores padrões com a desestruturação pode ser complicado. Primeiro, você precisa lembrar de colocar o tipo antes do valor padrão.

```
function funcaoOutraLista({a, b} = { a: "", b: 0 }): void {
}
funcaoOutraLista();
```

Então, precisa lembrar-se de dar um valor padrão às propriedades opcionais na propriedade desestruturada, em vez do inicializador principal. Lembre-se que o tipo **C** foi definido com o parâmetro **b** sendo opcional.

Use a desestruturação com cuidado. Isto é especialmente verdadeiro com a desestruturação profundamente aninhada e quando ficar realmente difícil entender os valores padrões adicione comentários para documentar. Tente manter as expressões desestruturantes pequenas e simples. Você sempre pode escrever as atribuições que a desestruturação geraria por si mesma. Então, pode evitá-las facilmente.

Capítulo 6

Orientação a objetos

Também conhecida como Programação Orientada a Objetos (POO) ou ainda em inglês *Object-Oriented Programming* (OOP), é um paradigma de análise, projeto e programação de sistemas de software baseado na composição e na interação entre as diversas unidades de software chamadas de objetos.

A análise e o projeto orientados a objetos têm como meta identificar o melhor conjunto de objetos para descrever um sistema de software. O funcionamento desse sistema se dá por meio do relacionamento e da troca de mensagens entre esses objetos.

Na programação orientada a objetos, implementa-se um conjunto de classes que definem os objetos presentes no sistema de software. Cada classe determina o comportamento (definidos nos métodos) e os estados possíveis (atributos) de seus objetos, assim como o relacionamento com outros objetos.

Classe é uma fábrica de objetos. Representa um conjunto de objetos com características afins. Uma classe define o comportamento dos objetos, por meio de métodos, e quais estados ele é capaz de manter, por meio de atributos. Exemplo de classe: **Os seres humanos.**

Objeto é uma instância de uma classe. Um objeto é capaz de armazenar os estados por meio de seus atributos e reagir às mensagens enviadas a ele, assim como se relacionar e enviar mensagens a outros objetos. Exemplo de objetos da classe Humanos: **João**, **José**, **Maria**.

Atributos são características de um objeto. Basicamente, a estrutura de dados que representará a classe. Exemplos: **Funcionário: nome**, **endereço**, **telefone**, **CPF** etc.; **Carro: nome**, **marca**, **ano**, **cor** etc.; **Livro: autor**, **editora**, **ano**.

Estado são os valores que cada atributo recebe. Exemplo: o estado do atributo **cor** é **azul**.

Os **métodos** definem as habilidades dos objetos. **Bidu** é uma instância da classe **Cachorro**, portanto, tem habilidade para latir, implementada por meio do método **deUmLatido()**. Um método em uma classe é apenas uma definição. A ação só ocorre quando o método é invocado por meio do objeto, no caso **Bidu**. Dentro do programa, a utilização de um método deve afetar apenas um objeto em particular. Todos os cachorros podem latir, mas você quer que apenas **Bidu** dê o latido. Normalmente, uma classe possui diversos métodos, que, no caso da classe **Cachorro**, poderiam ser **senta()**, **coma()** e **morda()**.

Mensagem é uma chamada a um objeto para invocar um de seus métodos, ativando um comportamento descrito por sua classe. Também pode ser direcionada diretamente a uma classe (por meio de uma invocação a um método estático).

Herança (ou generalização) é o mecanismo pelo qual uma classe (subclasse) pode estender outra classe (superclasse), aproveitando seus comportamentos (métodos) e variáveis possíveis (atributos).

Associação é o mecanismo pelo qual um objeto utiliza os recursos de outro. Pode tratar-se de uma associação simples (usa um) ou de um acoplamento (parte de). Por exemplo: Um humano usa um telefone. A tecla 1 é parte de um telefone.

Encapsulamento consiste na separação dos aspectos internos e externos de um objeto. Este mecanismo é utilizado amplamente para impedir o acesso direto ao estado de um objeto (seus atributos), disponibilizando externamente apenas os métodos que alteram esses estados. Exemplo: você não precisa conhecer os detalhes dos circuitos de um telefone para utilizá-lo. A carcaça do telefone encapsula esses detalhes, provendo a você uma interface mais amigável (os botões, o monofone e os sinais de tom).

Abstração é a habilidade de se concentrar nos aspectos essenciais de um contexto qualquer, ignorando as características menos importantes ou acidentais. Na modelagem orientada a objetos, uma classe é uma abstração de entidades existentes no domínio do sistema de software.

Sobrecarga é a utilização do mesmo nome para símbolos ou métodos com operações ou funcionalidades distintas. Geralmente, diferenciam-se os métodos por sua assinatura. Exemplo: Um método **Carro** que recebe como parâmetro dois atributos (**cor**, **placa**) e outro método **Carro** que recebe como parâmetro (**cor**, **placa**, **modelo**).

Interface é um contrato entre a classe e o mundo externo. Quando uma classe implementa uma interface, ela está comprometida a fornecer o comportamento publicado pela interface.

Pacotes são referências para a organização lógica de classes e interfaces.

O JavaScript tradicional centra-se em funções e herança com base em protótipos como os meios básicos de construção de componentes reutilizáveis, mas isso pode parecer um pouco estranho para os programadores mais confortáveis com uma abordagem orientada a objetos, na qual as classes herdam a funcionalidade e os objetos são construídos a partir dessas classes. Começando com o ECMAScript 2015, também conhecido como ES6, os programadores de JavaScript são capazes de construir suas aplicações usando esta abordagem baseada em classe orientada a objetos. O TypeScript permite que os desenvolvedores usem essas técnicas agora e compile-as para o JavaScript **vanila** básico, ES5, que funciona em todos os principais navegadores e plataformas, sem ter que esperar uma nova versão do JavaScript que as suporta nativamente.

Apenas para ilustrar que se trata de uma **sugar sintax,** a forma simplificada de escrita de códigos, verificamos que o resultado da igualdade a seguir retorna **true**:

```
class Autor{
    public nome;
        constructor(nome){
```

```
        this.nome = nome;
        console.log(this.nome + " Constructor");

    }
}
let autor = new Autor("Marcelo");
console.log(autor.nome===Autor.prototype.nome);
```

No JavaScript, é possível simular muitas características de orientação a objetos baseada em protótipos. Os objetos JavaScript são arrays associativos, aumentados com protótipos. As funções são de primeira classe, isto é, são objetos que possuem propriedades e métodos, e podem ser passados como argumentos, ser atribuídos a variáveis ou retornados como qualquer outro objeto.

6.1 Classes e métodos

Apresentamos a seguir três tipos básicos de métodos que dispomos para a construção de nossas classes geradoras de objetos.

6.1.1 Construtor

O método construtor é chamado assim que uma nova instância do objeto é criada. Tal método geralmente é responsável pela alocação dos recursos necessários ao funcionamento do objeto, além da definição inicial das variáveis de estado, os atributos.

```
class Pessoas{
    constructor(nome){
        this.nome = nome;
        console.log(this.nome + " no construtor");
    }
}
// imprime "Marcelo no construtor"
let pessoas = new Pessoas('Marcelo');
```

Você notará que na classe, quando nos referimos a um dos membros da classe precedido pela palavra-chave **this**, isto indica que é um acesso de membro da classe.

Na última linha, construímos uma instância de **Pessoas** usando a palavra-chave **new** e isto cria um novo objeto com a forma **Pessoas**, executando o construtor que define as propriedades iniciais do objeto.

6.1.2 Abstrato ou estático

Um método abstrato é aquele que pode ser invocado diretamente, sem a necessidade de usar a referência de um objeto, uma instância da classe.

```
class Pessoas{
    constructor(nome){
        this.nome = nome;
        console.log(this.nome + " no construtor");
    }
    static metodoEstatico(){
       console.log("Este é o método abstrato");
   }
}
/* imprime:
Marcelo no construtor
Este é o método abstrato
*/
let pessoas = new Pessoas('Marcelo');
Pessoas.metodoEstatico();
```

6.1.3 Método da propriedade

Um método da propriedade é aquele que define uma propriedade da classe, ou seja, uma característica do objeto, também definido como habilidades do objeto.

```
class Pessoas{
    constructor(nome){
        this.nome = nome;
        console.log(this.nome + " no construtor de
Pessoas");
    }
    static metodoEstatico(){
       console.log("Este é o método abstrato");
   }
// Método de propriedade bomDia
   bomDia(){
       console.log("Bom dia " + this.nome);
   }
}
/* imprime:
Marcelo no construtor de Pessoas
Este é o método abstrato
Bom dia Marcelo
*/
let pessoas = new Pessoas('Marcelo');
Pessoas.metodoEstatico();
pessoas.bomDia();
```

6.2 Herança

Um dos padrões mais fundamentais na programação orientada a objeto é ser capaz de estender as classes existentes para criar novos objetos, usando a herança para aproveitar as características herdadas do objeto estendido, também denominada **Class Inheritance**.

```
class Pessoas {
    nome: string;
    constructor(nome:string) {
        this.nome = nome;
        console.log(this.nome + " no construtor de
```

```
Pessoas");
    }
    static metodoEstatico() {
        console.log("Este é o método abstrato");
    }
    bomDia() {
        console.log("Bom dia " + this.nome);
    }
}
class Profissional extends Pessoas {
    constructor(nome: string) {
        super(nome);
        console.log(this.nome + " é um profissional");
    }
}


/* imprime:
Marcelo no construtor de Pessoas
Este é o método abstrato
Bom dia Marcelo
*/
let pessoas = new Pessoas('Marcelo');
Pessoas.metodoEstatico();
pessoas.bomDia();


/* imprime:
João no construtor de Pessoas
João é um profissional
*/
let p = new Profissional('João');
```

Este exemplo abrange muito poucos recursos de herança que são comuns. Aqui, vemos a palavra-chave extends que é utilizada para criar uma subclasse. Você pode ver isso onde **Profissional** é uma subclasse da classe base **Pessoas** e ter acesso às suas características.

As classes derivadas que contêm as funções do construtor devem chamar a classe base usando a palavra-chave **super**, que executará a função de construtor da classe base, similar como é usada a palavra **parent** em outras linguagens de programação.

O exemplo também mostra que ambos os construtores de **Pessoas**, assim como de **Profissionais**, foram executados e retornaram seus valores.

6.3 Sobrecarga

Um dos conceitos mais usados do paradigma de objetos é o polimorfismo, que promove a reutilização contínua dos códigos, ou seja, possibilita algo assumir várias formas. A sobrecarga de métodos, **overload**, é um conceito do polimorfismo que consiste basicamente em criar variações de um mesmo método. Chamamos de sobrecarga quando um método é sobrescrito, mas essencialmente ele adiciona propriedades ou estados ao objeto, ou seja, variando no número de argumentos, tipos de argumentos, valor de retorno e até variáveis diferentes.

```
class Pessoas {
    nome: string;
    constructor(nome:string) {
        this.nome = nome;
        console.log(this.nome + " no construtor de
Pessoas");
    }
    static metodoEstatico() {
        console.log("Este é o método abstrato");
    }
    bomDia() {
        console.log("Bom dia " + this.nome);
```

```
    }
    sobrecarga(){
        return 10;
    }
}
class Profissional extends Pessoas {
    constructor(nome: string) {
        super(nome);
        console.log(this.nome + " é um profissional");
    }
    sobrecarga(){
   // a palavra-chave super chama o método-pai
        return super.sobrecarga() + 10;
    }
}
/* imprime:
Marcelo no construtor de Pessoas
Este é o método abstrato
Bom dia Marcelo
*/
let pessoas = new Pessoas('Marcelo');
Pessoas.metodoEstatico();
pessoas.bomDia();
let sobrecargaPessoas = pessoas.sobrecarga();
// imprime: Sobrecarga em Pessoas 10
console.log('Sobrecarga em Pessoas ' + sobrecargaPessoas);
/* imprime:
João no construtor de Pessoas
João é um profissional
*/
let p = new Profissional('João');
let sobrecargaProfissional = p.sobrecarga();
// imprime: Sobrecarga em Profissionais 20
console.log('Sobrecarga em Profissionais ' +
```

```
sobrecargaProfissional);
```

Analisando o resultado, percebemos que o objeto **Profissional** foi criado e que a primeira linha mostrada em nosso console é o resultado do construtor da classe-pai **Pessoas,** que está sobrescrito pelo construtor da classe-filha **Profissional**, mas como a palavra **super** foi chamada no construtor da classe-filha, invocamos o construtor da classe-pai.

Fizemos uma sobrecarga com o método **sobrecarga** invocando o mesmo método, o método que sofreu sobrecarga, com o uso da palavra-chave **super**. Se removermos a sobrecarga do método na classe-filha, teremos um resultado diferente, pois se não houver a sobrecarga do método, estaremos aproveitando o método que corresponde à propriedade do objeto-pai.

6.4 Modificadores de visibilidade

6.4.1 Públicos por padrão

Em nossos exemplos, temos sido capazes de acessar livremente os membros que declaramos ao longo de nossos programas. Se você está familiarizado com outras linguagens, deve ter notado nos exemplos anteriores que não tivemos que usar a palavra **public** para alcançar este objetivo. No TypeScript, cada membro é **public** por padrão. Você ainda pode marcar um membro **public** explicitamente. Poderíamos ter escrito a classe **Pessoas** da seguinte maneira:

```
class Pessoas {
    public nome: string;
   public constructor(nome:string) {
        this.nome = nome;
        console.log(this.nome + " no construtor de
Pessoas");
    }
    public static metodoEstatico() {
        console.log("Este é o método abstrato");
```

```
    }
    public bomDia() {
        console.log("Bom dia " + this.nome);
    }
    public sobrecarga(){
        return 10;
    }
}
```

6.4.2 Compreensão private

Quando um membro está marcado como **private**, ele não pode ser acessado de fora da classe que o contém.

O TypeScript é um sistema de tipo estrutural. Quando se comparam dois tipos diferentes, independentemente de onde eles vieram, se os tipos de todos os membros forem compatíveis, então, dizemos que os próprios tipos são compatíveis.

```
class Pessoas {
    public nome: string;
     constructor(nome: string) {
        this.nome = nome;
        console.log(this.nome + " no construtor de
Pessoas");
    }
    public static metodoEstatico() {
        console.log("Este é o método abstrato");
    }
    public bomDia() {
        console.log("Bom dia " + this.nome);
    }
    private public sobrecarga() {
        return 10;
```

```
    }
}
let outraPessoa = new Pessoas('Maria');
outraPessoa.nome; // nao produz erro
outraPessoa.sobrecarga();// produz um erro por ser privado
```

6.4.3 Compreensão de protect

O modificador **protected** age de modo muito parecido com o modificador **private,** com a ressalva de que os membros declarados como **protected** também podem ser acessados por instâncias de classes derivadas. Por exemplo:

```
class Pessoas {
    nome: string;
    constructor(nome:string) {
        this.nome = nome;
        console.log(this.nome + " no construtor de
Pessoas");
    }
    static metodoEstatico() {
        console.log("Este é o método abstrato");
    }
    bomDia() {
        console.log("Bom dia " + this.nome);
    }
    protected sobrecarga(){
        return 10;
    }
}
class Profissional extends Pessoas {
    constructor(nome: string) {
        super(nome);
        console.log(this.nome + " é um profissional");
    }
```

```
    sobrecarga(){
        return super.sobrecarga() + 10;
    }
}
let pessoas = new Pessoas('Marcelo');
// produz um erro por ser protected
let sobrecargaPessoas = pessoas.sobrecarga();
let p = new Profissional('João');
//imprime 20, não produz erro
let sobrecargaProfissional = p.sobrecarga();
```

Note que, embora não possamos usar a sobrecarga diretamente em **Pessoas,** ainda podemos usá-la dentro de um método de instância de **Profissional** porque **Profissional** deriva de **Pessoas.**

6.4.4 Propriedades de parâmetro

As propriedades de parâmetro permitem criar e inicializar um membro em um só lugar. Aqui está uma nova revisão da classe **Pessoas** usando uma propriedade de parâmetros:

```
class Pessoas {
    private nome: string;
    constructor(parametroNome:string) {
        this.nome = parametroNome;
        console.log(this.nome + " no construtor de
Pessoas");
    }
    static metodoEstatico() {
        console.log("Este é o método abstrato");
    }
    bomDia() {
        console.log("Bom dia " + this.nome);
    }
```

```
        sobrecarga(){
            return 10;
        }
    }
```

Observe que **parametroNome** usa apenas o modo encurtado **private nome: string** no construtor para criar e inicializar o membro **nome**. Consolidamos as declarações e atribuição em um único local.

As propriedades de parâmetro são declaradas prefixando um parâmetro construtor a um modificador de acessibilidade. Usar um **private** inicializa um membro como privado e o mesmo é feito para **public** e **protected**.

6.5 Acessores

O TypeScript suporta **getters/setters** como uma maneira de interceptar os acessos a um membro de um objeto. Isto permite dar um controle mais preciso sobre a forma como um membro é acessado em cada objeto.

Iremos converter uma classe simples para usar **get** e **set**. Primeiro, começaremos com um exemplo sem **getters** e **setters**.

```
// classe Empregado sem get set
class Empregado {
    nomeCompleto: string;
}

let empregado = new Empregado();
empregado.nomeCompleto = "Marcelo Costa";
if (empregado.nomeCompleto) {
    console.log(empregado.nomeCompleto);
}
```

Permitir que se altere o valor de **nomeCompleto** diretamente é muito útil, mas também pode ser um problema, uma vez que nem sempre devemos permitir que isto aconteça, pois pode haver requisitos necessários a cumprir antes de aceitar que o nome seja alterado.

Por exemplo, iremos supor a necessidade de verificação de uma senha e precisamos verificar antes de permitir que o nome seja alterado. Fazemos isso com a substituição do acesso direto de **nomeCompleto** por um **set** que verificará a senha. Adicionaremos um **get** correspondente para permitir a recuperação da informação.

```
// Classe Empregados com get set
let senha = "senha secreta";

class Empregados {
    private _nomeCompleto: string;

    get nomeCompleto(): string {
        return this._nomeCompleto;
    }

    set nomeCompleto(novoNome: string) {
        // esse if verifica se existe a string senha
        // e se o valor é "senha secreta"
        if (senha && senha == "senha secreta") {
            this._nomeCompleto= novoNome;
        }
        else {
            console.log("Sem autorização para alterar o 
nome!");
        }
    }
}
```

```
let e = new Empregados();
e.nomeCompleto = "João da Silva";
if (e.nomeCompleto) {
    console.log(e.nomeCompleto);
}
```

6.6 Propriedades estáticas

Até este ponto, só falamos sobre a instância dos membros da classe que aparecem no objeto quando ele é instanciado. Podemos também criar membros estáticos de uma classe, aqueles que são visíveis na própria classe, em vez de nas instâncias. Neste exemplo, usamos **static** sobre a **origem**, pois é um valor geral para todas as instâncias da classe. Cada instância acessa esse valor diretamente através do nome do método antecedido pelo nome da classe. Aqui, colocamos **Grid** na frente do método estático **origem, Grid.origem.x e y**.

```
// propriedades estáticas
class Grid {
    static origem = {x: 0, y: 0};
    distanciaDaOrigem(pontos: {x: number; y: number;}) {
        let xDist = (pontos.x - Grid.origem.x);
        let yDist = (pontos.y - Grid.origem.y);
        return Math.sqrt(xDist * xDist + yDist * yDist) /
this.escala;
    }
    constructor (public escala: number) { }
}

let grid1 = new Grid(1.0);  // 1x
let grid2 = new Grid(5.0);  // 5x

console.log(grid1.distanciaDaOrigem({x: 10, y: 10}));
console.log(grid2.distanciaDaOrigem({x: 10, y: 10}));
```

6.7 Classes abstratas

Classes abstratas são classes-base a partir das quais outras classes podem ser derivadas e elas não podem ser instanciadas diretamente. Ao contrário de uma interface, uma classe abstrata pode conter detalhes de implementação para seus membros. A palavra-chave **abstract** é usada para definir as classes abstratas, bem como os métodos abstratos dentro de uma classe abstrata.

Os métodos dentro de uma classe abstrata que são marcados como **abstract** não contêm uma implementação e devem ser implementados nas classes derivadas. Os métodos abstratos compartilham uma sintaxe semelhante à interface. Ambos definem a assinatura de um método. No entanto, os métodos abstratos devem incluir a palavra-chave **abstract** e podem opcionalmente incluir modificadores de acesso.

```
abstract class Departamento {

    constructor(public nome: string) {
    }

    imprimeNome(): void {
        console.log("Nome do departamento: " + this.nome);
    }
    abstract imprimeAlgumaCoisa(): void; // método que
precisa ser implementado na classe derivada
}

class Contabilidade extends Departamento {

    constructor() {
        super("Contabilidade"); // construtor da classe
abstrata
    }
```

```
    imprimeAlgumaCoisa(): void {
        console.log("Imprime uma mensagem qualquer.");
    }

    relatorios(): void {
        console.log("Gerando relatórios...");
    }
}

let contabilidade = new Contabilidade();
contabilidade.imprimeNome();
contabilidade.imprimeAlgumaCoisa();
```

Capítulo 7

Interfaces

As interfaces são uma forma de definir um contrato com seu código. No TypeScript, temos o conceito de subtipagem estrutural. As interfaces requerem que as propriedades da interface estejam presentes e tenham o tipo desejado.

```
interface tipoDocumento {
    nome: string;
}

function documento(tipo: tipoDocumento) {
    console.log(tipo.nome);
}

let meuDocumento = { tamanho: 11, nome: "CPF" };
documento(meuDocumento);
```

A interface **tipoDocumento** descreve os requisitos exigidos e a função documento tem um único parâmetro que requer que o objeto passado tenha uma propriedade chamada **tipo** do tipo **string**. O objeto **meuDocumento** tem mais propriedades que isso, mas o compilador só verifica se os necessários estão presentes e possuem os tipos desejados.

Observe que a interface funciona semelhante à descrição de tipos, é apenas a forma que importa. Se o objeto que passa para a função atende aos requisitos listados, então, isto é permitido.

É importante ressaltar que o tipo verificador não exige que essas propriedades tenham a mesma ordem, apenas que as propriedades que a interface requer estejam presentes e tenham o tipo desejado.

7.1 Propriedades opcionais

As propriedades de uma interface podem ser obrigatórias ou opcionais e cada propriedade opcional é representada por uma interrogação no final do nome da propriedade declarada:

```
interface tipoDocumento {
    nome: string;
    tamanho?: number;
}

function documento(tipo: tipoDocumento) {
    //console.log(tipo.nome);
    if (tipo.tamanho == 11 && tipo.nome == 'CPF') {
        console.log('O numero de caracteres e o tipo são de
um CPF')
    } else {
        console.log('Não se pode afirmar que seja um CPF')
    }
}

// imprime: O número de caracteres e o tipo são de um CPF
let meuDOcumento = { tamanho: 11, nome: "CPF" };
documento(meuDOcumento);
// imprime: Não se pode afirmar que seja um CPF
let meuDOcumento2 = { nome: "Titulo de Eleitor" };
documento(meuDOcumento2);
```

Alteramos a nossa interface adicionando um parâmetro opcional **tamanho** para podermos confrontar na função **documento**.

7.2 Tipos de funções

As interfaces são capazes de descrever a grande variedade de formas dos objetos JavaScript, inclusive os tipos de retorno que uma função pode ter.

Denominamos isso de assinatura da chamada, que é uma declaração de função apenas com a lista de parâmetros e o tipo de retorno dado. Cada parâmetro na lista de parâmetros requer tanto nome como o tipo.

```
interface InterfacePesquisa{
    (texto:string,palavras:string):boolean;
}
```

Uma vez definida, podemos usar essa interface do tipo de função como faríamos com as outras interfaces. Aqui, mostramos como você pode criar uma variável de um tipo de função e atribuir-lhe um valor da função do mesmo tipo.

```
interface InterfacePesquisa{
    (texto:string,palavras:string):boolean;
}

let FuncaoPesquisa: InterfacePesquisa;

FuncaoPesquisa = function(texto: string, pesquisa: string) {
    let resultado = texto.search(pesquisa);
    if (resultado == -1) {
        console.log('não encontrada a palavra => ' +
pesquisa);
      return false;
    }
    else {
        console.log('encontrada a palavra => ' + pesquisa);
      return true;
    }
```

```
}

// imprime: encontrada a palavra => qualquer
FuncaoPesquisa('um texto qualquer','qualquer');
//imprime: não encontrada a palavra => blabla
FuncaoPesquisa('um texto qualquer','blabla');
```

Note que os nomes dos parâmetros não coincidem e isto foi proposital para demonstrar que o nome não importa, e sim, se existem os parâmetros exigidos com os tipos correspondentes.

Os parâmetros de função são verificados um a um. Se você não quiser especificar os tipos, o TypeScript poderá inferir os tipos de argumento uma vez que o valor da função é atribuído diretamente a uma variável do tipo **FuncaoPesquisa**. No exemplo anterior, o tipo de retorno de nossa expressão de função está implícito nos valores retornados.

7.3 Tipos indexáveis

Outra forma de como podemos usar as interfaces é para descrever os tipos de índice. Os tipos indexáveis são uma assinatura de quem descreve a tipagem e podemos usar para indexar o objeto.

```
interface InterfaceLista {
    [indice: number]: string;
}

let minhaLista: InterfaceLista;
minhaLista = ["Marcelo Costa", "João da Silva"];

let minhaString: string = minhaLista[0];
// imprime: Marcelo Costa
console.log(minhaString);
```

```
let meuAmigo: string = minhaLista['1'];
// imprime: João da Silva
console.log(meuAmigo);
```

No exemplo anterior, temos uma interface **InterfaceLista** com uma assinatura **indice**. Essa assinatura indica que quando uma **InterfaceLista** está indexada com um número, ela retorna uma string.

Existem dois tipos de assinaturas de índice suportados: string e número. É possível suportar ambos os tipos de indexadores, mas o tipo que volta de um indexador numérico deve ser um subtipo do tipo retornado do indexador string. É porque durante a indexação com um número, o TypeScript, na verdade, converte em uma string antes de indexar um objeto, porque um índice de cadeia declara que **obj.property** também está disponível como **obj["property"]**.

7.4 Implementação de uma interface

Um dos usos mais comuns das interfaces nas linguagens de alto nível é impor explicitamente que uma classe atende um determinado contrato, não somente as propriedades, assim como os métodos.

```
interface InterfaceCarro {
    motor: string;
    placa?: string;
    carroLuxo(nome:string):boolean;
}


class Carro implements InterfaceCarro {
    constructor(public motor: string, public placa: string)
{
    }
    carroLuxo(nome:string){
        if(nome=='BMW'){
```

```
                return true;
            }


        }
    }
```

As interfaces devem ser usadas para descrever somente o lado público da classe.

7.5 Estendendo interfaces

Como as classes, as interfaces podem estender uma à outra, permitindo que você copie os membros de uma interface para outra, o que é uma forma inteligente e flexível de tornar suas interfaces componentes reutilizáveis. Você pode criar uma interface que pode estender várias interfaces criando uma combinação de todas as interfaces.

```
interface SerVivo{
    nome:string;
}

interface Dinossauro{
    numeroDePatas:number;
}

interface Mamifero extends SerVivo,Dinossauro {
    tempoDeAmamentacao:number;
}
```

7.6 Interfaces para estender classes

Quando um tipo de interface estende um tipo de classe, herda os membros da classe, mas não suas implementações — é como se tivesse declarado a interface de todos os membros da classe sem fornecer uma implementação. Isto significa que quando você cria uma interface que estende uma classe, a interface só pode ser implementada por essa classe ou uma subclasse.

Isso é útil quando você tem uma grande hierarquia de herança, mas quer especificar que o código funcione apenas com as subclasses que contêm certas propriedades. As subclasses não têm que estar relacionadas além da herança da classe base. Por exemplo:

```
class Cliente
{
  private id: number;
  get Id(): number
  {
    return this.id
  }
  set Id( value: number )
  {
    this.id = value;
  }
}

interface InterfaceCliente extends Cliente
{
  NomeCliente: string;
}

class NovoCliente extends Cliente implements
InterfaceCliente
{
  NomeCliente: string;
}

class OutroCliente extends Cliente
{
```

```
    NomeCliente: string;
  }

  let meuCliente = new OutroCliente;
  meuCliente.NomeCliente="Maria do Carmo";
  meuCliente.Id=99;
  console.log(meuCliente);

  let meuOutroCliente = new OutroCliente;
  meuOutroCliente.NomeCliente="Silva Sauro";
  meuOutroCliente.Id=100;
  console.log(meuOutroCliente);
```

Repare que a propriedade **Id** está disponível tanto no objeto **meuCliente** como no objeto **meuOutroCliente** e esse comportamento de combinações de interfaces, classes, implementação e extensão fornece uma forma controlada para que as classes que você define possam estender as classes definidas em outros modelos de objetos, ou seja, você pode definir na interface os métodos e as propriedades que estarão presentes nas classes que estendem a superclasse. Neste exemplo a interface determinou a existência e a tipagem da propriedade **NomeCliente** e herdou a propriedade **Id**.

Capítulo 8

Funções

Assim como no JavaScript, as funções TypeScript podem ser criadas como uma função com um nome ou uma função anônima. Isto permite escolher a abordagem mais adequada para a aplicação, pois pouco importa se você está construindo uma lista de funções em uma API ou uma função para entregar a uma outra função.

Vejamos rapidamente essas duas abordagens:

```
function funcaoComNome(x, y) {
    return x + y;
}

let funcaoAnonima = function (x, y) { return x + y; };
```

Como no JavaScript, no TypeScript as funções podem referir-se às variáveis fora do corpo da função.

```
let z = 100;
function funcaoAdicionaZ(x, y) {
    return x + y + z;
}
```

8.1 Tipos de funções

Podemos adicionar tipos a cada um dos parâmetros e, em seguida, à própria função para adicionar um tipo de retorno. O TypeScript pode descobrir o tipo de retorno vendo as instruções de retorno, por isso também pode, opcionalmente, deixar o compilador deduzir o melhor tipo comum.

```
function funcaoComNome(x: number, y: number): number {
    return x + y;
}

let funcaoAnonima = function(x: number, y: number): number {
return x+y; };
```

8.1.1 Escrevendo o tipo de função

As funções possuem tipos de argumentos e tipos de retorno. Podemos escrever apenas como uma lista de parâmetros, dando a cada parâmetro um nome e um tipo, o importante são os tipos independentemente dos nomes.

```
let funcaoTipada = function(x: number, y: number): number {
return x+y; };
```

Como mencionado anteriormente, esta é uma parte necessária do tipo de função, por isso, se a função não retornar um valor, você usará **void** em vez de não declarar. O tipo de retorno deixa mais claro qual é o tipo usando a sintaxe de seta, **=>**, entre os parâmetros e o tipo de retorno.

```
let funcaoTipos: (x: number, y: number) => number =
    function (x: number, y: number): number { return x + y;
};
```

8.1.2 Inferindo os tipos

O TypeScript poderá descobrir o tipo se você tiver tipos de um lado da equação, mas não do outro:

```
let funcaoInterferencia: (valorInicial: number, incremento:
number) => number =
    function (x: number, y: number): number { return x + y;
};
```

Isso é chamado de **digitação contextual**, uma forma de inferência dos tipos. Isso ajuda a reduzir a quantidade de esforço para manter seu código.

8.2 Parâmetros opcionais e padrões

No TypeScript, cada parâmetro de uma função é considerado como exigido. Podemos inclusive ter **null** ou **undefined** como parâmetros. Quando a função é chamada, o compilador verifica se o usuário forneceu um valor para cada parâmetro. O compilador também assume que esses parâmetros são os únicos que serão passados para a função. Em contrapartida o número de argumentos dados a uma função tem que corresponder ao número de parâmetros que a função espera.

```
function nomeCompleto(nome: string, sobrenome: string) {
    return nome + " " + sobrenome;
}
let meuNome = nomeCompleto("Marcelo","Costa");
console.log(meuNome);
```

Diferentemente, no JavaScript cada parâmetro é opcional e podemos ou não adicioná-lo quando for preciso, porque o JavaScript assume que seu valor é indefinido. Para obtermos essa funcionalidade no TypeScript, devemos adicionar uma interrogação aos parâmetros opcionais. As ordenações dos parâmetros são importantes e os parâmetros opcionais devem vir por último.

```
function nomeCompleto(nome: string, sobrenome?: string) {
    return nome + " " + sobrenome;
}
let meuNome = nomeCompleto("Marcelo","Costa");
let meChamam = nomeCompleto("Marcelo");
console.log(meuNome);
console.log(meChamam);
```

Podemos também atribuir um valor padrão e até mesmo passar um valor **undefined** — são chamados de parâmetros de inicialização padrão.

```
function nomeFamilia(nome: string, sobrenome="Costa") {
    return nome + " " + sobrenome;
}
// retornam "Marcelo Costa"
let nomeCompleto1 = nomeFamilia("Marcelo","Costa");
let nomeCompleto2 = nomeFamilia("Marcelo");
let nomeCompleto3 = nomeFamilia("Marcelo",undefined);
```

Os parâmetros de inicialização padrão são tratados como opcionais e, desta forma, o tipo pode ser omitido e assumido como sendo do mesmo tipo do valor padrão passado. Se um parâmetro de inicialização, **default**, vier antes de um parâmetro obrigatório, será necessário passar explicitamente como **undefined** para obter o valor padrão.

```
function marceloOque(nome="Marcelo", sobrenome:string) {
    return nome + " " + sobrenome;
}
// retorna "Marcelo Costa"
let marcelodeque = marceloOque(undefined,"Costa");
```

8.3 Parâmetros de descanso

Muitas vezes, desconhecemos a quantidade de parâmetros e no TypeScript você pode reunir os argumentos opcionais em uma única variável.

```
function nomesGrandes(nome: string, ...sobrenomes: string[])
{
    return nome + " " + sobrenomes.join(" ");
}
let nomeComprido = nomesGrandes("José", "da", "Silva",
"Sauro");
console.log(nomeComprido);
```

São denominados parâmetros de **descanso** e tratados como um número ilimitado de parâmetros opcionais, isso porque será construída uma matriz dos argumentos passados, com o nome dado após as reticências (...).

8.4 Lambda this – função seta

Como o TypeScript é um superconjunto do JavaScript, os desenvolvedores também precisam aprender a usar o **this** e detectar quando ele não está sendo usado corretamente. No JavaScript, **this** é uma variável definida quando uma função é chamada. Isto o torna um recurso muito poderoso e flexível, mas tem o custo de sempre ter que saber o contexto no qual uma função está em execução.

```
var multiplicacao1 = function (h: number, w: number) {
    return h * w;
};
// função idêntica à multiplicacao1 usando a função seta
var multiplicacao2 = (h: number, w: number) => h * w;
```

Para obter o mesmo tipo de comportamento, o TypeScript usa a função seta que permite referenciar as propriedades dentro do contexto da função.

8.5 Sobrecargas

É comum uma única função JavaScript retornar diferentes tipos de objetos e ter diferentes comportamentos, dependendo da forma como os argumentos são passados e para termos esse comportamento, usamos as sobrecargas.

```
function areaRetangulo(x: number): number; // Esta
sobrecarga possui os argumentos para calcular a
                                          // área de um
quadrado dado um lado
    function areaRetangulo(x: number, y: number): number; //
Esta função possui os argumentos para
                                                        //
```

```
calcular a área de um retângulo dado
                                                          //
dois lados
    function areaRetangulo(x: number, y?: number): number {
        return x * (y > 0 ? y : x);
    }

let quadrado = areRetangulo(4);
console.log("area do quadrado = " + quadrado);
let retangulo = areRetangulo(4,5);
console.log("area do retangulo = " + retangulo);
```

O TypeScript verifica a lista de sobrecarga e prossegue com as primeiras tentativas de sobrecarga para chamar a função com os parâmetros fornecidos. Se o compilador encontrar uma correspondência, ele irá considerar essa sobrecarga como a sobrecarga correta. Por esta razão, devem-se ordenar as sobrecargas do mais específico para o menos específico.

Capítulo 9

Generics

A principal característica do TypeScript é a capacidade de criação de componentes reutilizáveis genéricos, ou seja, a capacidade de criar um componente que pode trabalhar em uma variedade de tipos, em vez de um único. Isso permite que os usuários consumam os componentes que utilizam seus próprios tipos.

9.1 Introdução de Generics

Iremos criar uma funcionalidade simples denominada **identidade** que apenas retorna o argumento que foi passado a ela.

```
function identidade(argumento:any){
    return argumento;
}
```

Usar o tipo como **any** a torna genérica porque permite que ela aceite quaisquer tipos para o argumento **argumento**, mas estamos sem a informação sobre o tipo que a função retorna. A única informação que temos é que qualquer tipo poderia ser devolvido. Precisamos de uma maneira de capturar o tipo do argumento para podermos saber o que está sendo retornado. Usaremos uma variável do tipo, um tipo especial de variável que funciona em tipos, em vez de valores.

```
function identidade<T>(argumento:T):T{
// T é um tipo genérico
    return argumento;
}
```

Acrescentar uma variável do tipo **T** à função identidade permite captar o tipo fornecido, de modo que podemos usar essa informação mais tarde e usar **T** novamente como o tipo de retorno.

A função **identidade** agora se tornou uma verdadeira função genérica, porque funciona com qualquer tipo e agora sabemos o tipo de retorno, não perdendo nenhuma informação sobre os tipos.

Temos duas formas de implementar a função identidade:

```
function identidade<T>(argumento:T):T{
    return argumento;
}

let implementacao1 = identidade<string>("minhaString");
let implementacao2 = identidade("minhaString");
```

A primeira forma é passar os argumentos e os tipos de todos os argumentos, passando explicitamente **T** com o tipo string, usando os caracteres **<>** em torno dos argumentos.

A segunda forma é a mais comum. Usamos a inferência dos tipos de argumentos, ou seja, queremos que o compilador defina o valor **T** para definir automaticamente o tipo a partir do argumento que passamos.

O compilador apenas olhou para o valor e o tipo de **minhaString**, e **T** definiu seu tipo. Pode haver casos em que precisaremos passar explicitamente os argumentos de tipo, quando o compilador não conseguir inferir o tipo.

9.2 Trabalhando com variáveis do tipo genérico

Quando você começar a usar os genéricos, notará que quando as funções genéricas são criadas, o compilador impõe o uso de quaisquer parâmetros genericamente digitados no corpo da função. Ou seja, você terá que tratar esses parâmetros como se pudessem ser qualquer um dos tipos.

```
function erroIdentidade<T>(argumento: T): T {
    console.log(argumento.length);
    return argumento;
}
```

O compilador acusará um erro porque estamos usando a propriedade **length** como membro de **argumento**, mas em nenhum lugar informamos que **argumento** tem essa propriedade. Vale ressaltar que essas variáveis podem substituir qualquer um dos tipos, assim, poderíamos passar, por exemplo, **number** que não tem a propriedade **length**.

A intenção dessa função é trabalhar nos conjuntos de **T**, em vez de em **T** diretamente. Como estamos trabalhando com matrizes, a propriedade **length** estará disponível para qualquer tipo:

```
function matrizIdentidade<T>(argumento: T[]): T[] {
    console.log(argumento.length);
    return argumento;
}
```

A função genérica **matrizIdentidade** tem um parâmetro do tipo **T** e um argumento **argumento,** que é uma matriz de **T** e retorna uma matriz de **T**. Se passarmos uma matriz de números, teremos um conjunto de números de volta. Isso permite usar a variável do tipo genérico **T** como parte dos tipos que estamos trabalhando, dando uma maior flexibilidade.

Podemos, alternativamente, escrever da seguinte forma:

```
function alternativaIdentidade<T>(argumento: Array<T>):
Array<T> {
    console.log(argumento.length);
```

```
    return argumento;
}
```

9.3 Tipos genéricos

Os tipos de funções genéricas são semelhantes às funções não genéricas, com os parâmetros de tipo listados em primeiro lugar, como as declarações de função:

```
function tipoIdentidade<T>(argumento: T): T {
    return argumento;
}
let minhaIdentidade: <T>(argumento: T) => T =
tipoIdentidade;
```

Também podemos usar nomes diferentes para os parâmetros genéricos de tipo, desde que o número de argumentos de tipos, assim como as variáveis de tipo, seja o mesmo.

```
function tipoIdentidadeAlternativa<T>(argumentos: T): T {
    return argumentos;
}
let minahIdentidadeAlt: <U>(argumentos: U) => U =
tipoIdentidadeAlternativa;
```

Também podemos escrever o tipo genérico como uma assinatura de chamada do tipo objeto literal:

```
function tipoIdentidadeLiteral<T>(argumentos: T): T {
    return argumentos;
}
let minhaIdentidadeLit: {<T>(argumentos: T): T} =
tipoIdentidadeLiteral;
```

Iremos criar uma interface genérica com o nosso objeto literal:

```
interface InterfaceIdentidadeGenerica {
    <T>(argumentos : T): T;
}
function identidadeGenericaAlt<T>(argumentos : T): T {
    return argumentos ;
}
let minhaIdentidadeGenerica: InterfaceIdentidadeGenerica =
identidadeGenericaAlt;
```

Podemos fazer com que o parâmetro genérico seja um parâmetro de toda a interface. Isso faz com que o parâmetro de tipo fique visível para todos os outros membros da interface.

```
interface InterfaceGenerica<T> {
    (argumentos : T): T;
}
function funcaoIdentidade<T>(argumentos : T): T {
    return argumentos ;
}
let minhaIdentidadeGenericaAlt: InterfaceGenerica<number> =
funcaoIdentidade;
```

Em vez de descrever uma função genérica, temos agora uma assinatura de função não genérica que é uma parte do tipo genérico. Também temos que especificar o tipo do argumento correspondente, efetivamente travando a assinatura de chamada. Compreender quando colocar o parâmetro de tipo diretamente na assinatura da chamada e quando colocá-lo na própria interface será útil para descrever quais aspectos de um tipo são genéricos.

9.4 Classes genéricas

Uma classe genérica tem uma forma semelhante a uma interface genérica. As classes genéricas têm uma lista de parâmetros de tipo genérico após o nome da classe.

```
class NumeroGenerico<T> {
    valorZero: T;
    adiciona: (x: T, y: T) => T;
}
let meuNumeroGenerico = new NumeroGenerico<number>();
meuNumeroGenerico.valorZero = 0;
meuNumeroGenerico.adiciona = function(x, y) { return x + y;
};
```

Este é um uso bastante literal da classe, e nada está restringindo o uso do tipo **number**. Podemos usar **string** ou qualquer objeto.

```
let stringNumerica = new NumeroGenerico<string>();
stringNumerica.valorZero = "";
stringNumerica.adiciona = function(x, y) { return x + y; };
console.log(stringNumerica.adiciona(stringNumerica.
valorZero, "test"));
```

Tal como aconteceu com a interface, colocar o parâmetro do tipo na própria classe permite verificar se todas as propriedades da classe estão com o mesmo tipo.

As classes genéricas são apenas genéricas em seu lado da instância e não no lado estático, por isso, os membros estáticos não podem usar o parâmetro do tipo da classe.

9.5 Restrições genéricas

Iremos criar uma interface para descrever uma restrição. Essa interface terá uma única propriedade **length** e depois usaremos a interface e a palavra-chave **extends** para indicar a nossa restrição:

```
interface quantidadeCaracteres {
    quantidade: number;
}
```

```
function verificaQuantidade<T extends
quantidadeCaracteres>(arg: T): T {
    console.log(arg.quantidade);
    return arg;
}
verificaQuantidade(3);// emite um erro por não atender a
interface
verificaQuantidade({quantidade: 10, value: 3});// atente os
requisitos da interface
```

A função genérica agora é limitada e não funcionará mais em todos os tipos — agora exige que sejam passadas todas as propriedades necessárias.

9.6 Usando parâmetros de tipo das restrições de uso geral

Você pode declarar um parâmetro de tipo que é limitado por outro parâmetro de tipo. Iremos copiar as propriedades de dois objetos e comparar uma com a outra. Iremos assegurar que não estamos escrevendo, sem querer, quaisquer propriedades extras de nosso objeto **origem**, por isso, adicionaremos restrições entre os objetos:

```
function copiaCampos<T extends U, U>(alvo: T, origem: U): T
{
    for (let id in origem) {
        alvo[id] = origem[id];
    }
    return alvo;
}
let x = { a: 1, b: 2, c: 3, d: 4 };
copiaCampos(x, { b: 10, d: 20 }); // sem erros
copiaCampos(x, { Q: 90 });  // não encontra o tipo de Q em
x, emite erro
```

Capítulo 10

enums

O tipo **enum** nos permite definir um conjunto de constantes numéricas. Um **enum** pode ser definido usando a palavra-chave **enum**.

```
enum pontosCardeais {
    norte = 1,
    sul,
    leste,
    oeste
}
```

O corpo de uma enumeração consiste em zero ou mais membros de enumeração, tem um valor numérico associado, pode ser constante ou calculado. Um membro de enumeração será considerado constante se atender aos seguintes requisitos:

- Ele não tem um inicializador e o membro **enum** anterior era constante. Neste caso, o valor do elemento **enum** atual será o valor do elemento de enumeração anterior acrescido de um. Uma exceção a essa regra é o primeiro elemento de uma enumeração. Se ele não tiver um inicializador a, será atribuído ao valor zero.

- O membro **enum** é inicializado com uma expressão de enumeração constante. Uma expressão de enumeração constante é um subconjunto de expressões do TypeScript que pode ser avaliada durante a compilação. Em todos os outros casos, os membros **enum** são considerados calculados.

```
enum Acesso {
    // membros constantes
    Negado,
```

```
        Leitura = 1,
        Escrita = 2,
        LerEscrever = Leitura | Escrita,
    }
```

- Os tipos enums são objetos reais que existem durante a execução e possuem a capacidade de manter um mapeamento inverso dos valores da enumeração e dos nomes da enumeração.

O código gerado de um **enum** é compilado em um objeto que armazena para a frente, **nome -> valor**, e faz o mapeamento reverso, **valor -> nome**. As referências aos membros de enumeração são sempre emitidas como propriedades. Em muitos dos casos, isso é uma solução perfeitamente válida. O custo de um **enum** pode ser muito alto dependendo da complexidade e do tamanho do código gerado, por isso, é possível usar **enums constantes** que são definidos usando o modificador **const**.

```
const enum Enum {
    A = 1,
    B = A * 2
}
```

O tipo **enums const** só pode usar expressões **enum** constantes, sendo sequenciais nos locais de uso. Isso é possível desde que os **enums const** não tenham membros calculados.

```
const enum Direcoes {
    paraCima,
    paraBaixo,
    direita,
    esquerda
}
// idêntico à expressão
let direcoes = [Direcoes.paraCima, Direcoes.paraBaixo,
Direcoes.direita, Direcoes.esquerda];
```

Capítulo 11

Tipo de inferência

11.1 Base

A inferência de tipos é usada para fornecer informações do tipo quando não há nenhum tipo de anotação explícita.

```
let x = 3;
```

O tipo da variável **x** é inferida a ser **number**. Esse tipo de inferência ocorre ao inicializar variáveis e membros. São aferidos pelo compilador por tentativa e erro para determinar os tipos de retorno.

11.2 Melhor tipo comum

Quando um tipo de inferência é feito a partir de várias expressões, os tipos dessas expressões são utilizados para calcular o melhor tipo comum.

```
let x = [0,1,null];
```

Temos duas opções para o tipo de matriz: **number** e **null**. O algoritmo de tipo comum considera cada tipo de candidato e escolhe o tipo compatível com todos os outros.

Uma vez que o melhor tipo comum tem de ser escolhido entre os tipos previstos, é procurado um tipo com uma estrutura comum, mas não um tipo qualquer, é o **supertipo** de todos os tipos possíveis.

```
let serVivo = [new Mamifero(), new Macaco(), new Peixe()];
```

Poderíamos pensar no tipo **Animal[]**, mas não há um objeto que seja estritamente do tipo **Animal** na matriz, para isso, temos que fornecer explicitamente esse **supertipo**.

```
let serVivo: Animal[] = [new Mamifero(), new Macaco(), new
Peixe()];
```

Quando um tipo comum não é encontrado, a inferência resultante é o tipo de objeto vazio porque esse tipo não possui membros e tentar usar suas propriedades causará um erro. Este resultado permite ainda usar o objeto de um modo **tipo-agnóstico**, enquanto fornece segurança do tipo nos casos em que o tipo do objeto não pode ser determinado implicitamente.

11.3 Tipo contextual

A inferência de tipos também trabalha em outra direção em alguns casos. Isto é conhecido como **tipagem contextual**. O tipo contextual ocorre quando o tipo de uma expressão está implícito por sua localização.

```
window.onmousedown = function(mouseEvent) {
    console.log(mouseEvent.button);
};
```

O TypeScript é capaz de inferir o tipo do parâmetro **mouseEvent**. Se esta expressão de função não estivesse na posição contextual, o parâmetro **mouseEvent** seria do tipo **any** e nenhum erro teria sido emitido.

Se a expressão contextualmente digitada contiver informações do tipo explícito, o tipo contextual será ignorado.

```
window.onmousedown = function (mouseEvent: any) {
    console.log(mouseEvent.button);
};
```

A expressão de função com um tipo de anotação explícita no parâmetro substituirá o tipo contextual.

A tipagem contextual aplica-se em muitos casos. Os casos mais comuns incluem argumentos para as chamadas de função, atribuições, tipo de afirmações, membros do objeto, arrays literais e retorno de declarações. O tipo contextual também atua como um tipo de candidato ao tipo mais comum.

Capítulo 12

Tipo de compatibilidade

A compatibilidade de tipos é baseada nos subtipos estruturais e é uma forma de relacionar os tipos baseados unicamente em seus membros.

```
interface NomePessoas {
    nome: string;
}
class Pessoas {
    nome: string;
}
let p: NomePessoas;
p = new Pessoas();
```

Nas linguagens tipadas, o código equivalente seria um erro, porque a classe **Pessoas** não implementa explicitamente a interface **NomePessoas**.

O tipo estrutural do TypeScript foi concebido com base no JavaScript, que usa amplamente objetos anônimos como expressões de funções e literais de objetos, representando os tipos de relações como um sistema de tipos estruturais, em vez de tipos nominais.

12.1 Solidez

O TypeScript permite que determinadas operações que não podem ser conhecidas durante a compilação sejam seguras. Isso permite um comportamento que muitas vezes pode ser classificado como duvidoso, mas a regra básica é que se **x** é compatível com **y** e se **y** tem os mesmos membros de **x**, então, a atribuição é considerada verdadeira.

```
interface NomePessoas {
    nome: string;
}
let x: NomePessoas;
let y = { nome: "Marcelo", cidade: "Rio de Janeiro" };
x = y;
```

O motivo pelo qual a afirmação é considerada verdadeira é que a interface exige que se tenha a atribuição **nome** como uma **string** e verificado que ela é atendida, então, a afirmação é considerada verdadeira. A mesma regra de atribuição é usada para verificar os argumentos de chamada da função.

```
interface NomePessoas {
    nome: string;
}
function Alo(n: NomePessoas) {
    console.log("Alo, " + n.nome);
}
Alo(y); // OK
```

Apenas os membros do tipo de destino são checados durante a verificação de compatibilidade, de forma recursiva e para cada membro e submembro.

12.2 Compatibilidade de funções

Verificar a compatibilidade dos tipos primitivos e dos tipos de objeto é relativamente simples, mas a compatibilidade dos tipos de funções é um pouco mais complexa.

```
let x = (a: number) => 0;
let y = (b: number, c: string) => 0;

y = x; // retorna verdadeiro
x = y; // exibe um erro
```

Os nomes dos parâmetros não são considerados, apenas seus tipos e todos os parâmetros de **x** têm um parâmetro compatível correspondente **y**, de modo que a atribuição é permitida.

Já o inverso não é verdadeiro, pois **y** tem um segundo parâmetro necessário que **x** não tem, portanto, a atribuição não é permitida.

Verificamos que é permitido descartar os parâmetros e existe uma razão para que isso seja permitido – para ignorar os parâmetros de função extras, o que é bastante comum no JavaScript.

Um exemplo clássico é a funcionalidade **foreach,** que tem três parâmetros para a função de chamada de retorno: o elemento da matriz, seu índice e a matriz que o contém. No entanto, é muito útil fornecer um retorno de chamada que utiliza apenas o primeiro parâmetro.

```
let lista = [1, 2, 3];
lista.forEach((item, index, array) => console.log(item));
lista.forEach(item => console.log(item));
```

Temos o mesmo comportamento para os tipos de retorno.

```
let x = () => ({ nome: "Marcelo" });
let y = () => ({ nome: "Marcelo", cidade: "Rio de Janeiro"
});

x = y; // retorna verdadeiro
y = x; // Provoca um erro, pois não é permitido
```

O TypeScript exige que o retorno da função a ser comparada tem que ser um subtipo do tipo de retorno.

12.3 Parâmetro Bi Variance

Ao verificar a compatibilidade dos tipos dos parâmetros de uma função, uma atribuição será verdadeira se o parâmetro de origem for atribuído ao parâmetro de destino, ou vice-versa. Contudo, isto não é uma verdade absoluta, pois existem casos em que uma função pode ter algum tipo mais especializado, mas a função pode ser invocada por outro tipo qualquer. Na prática, é bastante incomum, mas o JavaScript é permissivo quanto a isso.

```
// da biblioteca de eventos do TypeScript
enum EventType { Mouse, Keyboard }

interface Event { timestamp: number; }
interface MouseEvent extends Event { x: number; y: number }
interface KeyEvent extends Event { keyCode: number }

function listenEvent(eventType: EventType, handler: (n:
Event) => void) {
    /* ... */
}
// Duvidoso, mas é comum
listenEvent(EventType.Mouse, (e: MouseEvent) => console.
log(e.x + "," + e.y));
// Alternativa indesejável, mas admitida
listenEvent(EventType.Mouse, (e: Event) => console.
log((<MouseEvent>e).x + "," + (<MouseEvent>e).y));
listenEvent(EventType.Mouse, <(e: Event) => void>((e:
MouseEvent) => console.log(e.x + "," + e.y)));
// Incompatível
listenEvent(EventType.Mouse, (e: number) => console.log(e));
```

12.4 Compatibilidade de parâmetros opcionais

Ao verificar a compatibilidade dos parâmetros de funções, os parâmetros exigidos e opcionais são intercambiáveis, os parâmetros opcionais na origem não são um erro e os parâmetros opcionais no destino sem parâmetros correspondentes no tipo de destino não são um erro.

Quando uma função tem um **parâmetro de descanso**, com reticências, ela é tratada como se fosse uma série infinita de parâmetros opcionais.

Nem sempre a ideia de parâmetros opcionais é bem aplicada, pois, muitas vezes, eles são passados como indefinidos, **undefined**, podendo até ter algum sentido para o programador, mas são bastante inconsistentes na perspectiva dos tipos.

Um exemplo comum é uma função que recebe uma chamada de retorno e até pode ser previsível para o programador, mas é desconhecido para o sistema de tipos o número de argumentos:

```
function aguardaRetorno(args: any[], retornaResultado: (...
args: any[]) => void) {
    /* ... */
}
// funciona porque aguardaRetorno pode receber qualquer tipo
e quantidade de parâmetros
aguardaRetorno([1, 2], (x, y) => console.log(x + ", " + y));
// confuso, pois são opcionais ou requeridos ?
aguardaRetorno([1, 2], (x?, y?) => console.log(x + ", " +
y));
```

12.5 Compatibilidade de funções com sobrecargas

Quando uma função tem sobrecargas, cada uma das sobrecargas no tipo de origem deve ser acompanhada de uma assinatura compatível com o tipo de destino. Isso garante que a função de destino possa ser chamada nas mesmas situações da função de origem.

12.6 Compatibilidade de enums

Enums de tipos diferentes são considerados incompatíveis.

```
enum Formas { redondo, quadrado };
enum Cores { Verde, Amarelo, Branco };

let forma = Formas.quadrado;
// incompatível, não faz parte do tipo Formas
forma = Cores.Verde;
```

12.7 Compatibilidade de classes

As classes funcionam de forma semelhante aos tipos de objetos literais e interfaces, mas com uma diferença: elas têm um lado estático e um tipo de instância. Ao comparar dois objetos de um tipo de uma classe, apenas os membros da instância são comparados. Os membros estáticos e construtores não afetam a compatibilidade.

```
class Dinossauro {
    altura: number;
    constructor(nome: string, numeroPatas: number) { }
}
class Animais {
    altura: number;
    constructor(numeroPatas: number) { }
}
let dino: Dinossauro;
let animal: Animais;
dino = animal;
animal = dino;
```

12.8 Membros privados e protegidos em classes

Os membros privados e protegidos podem afetar a compatibilidade de uma classe. Quando uma instância de uma classe verifica sua compatibilidade, se a instância contiver um membro privado ou protegido, o tipo de destino deverá conter também um membro privado ou protegido que se originou na mesma classe. Isso permite a uma classe ter sua atribuição compatível com a **classe super**, mas não com as classes de uma hierarquia de herança diferente, mesmo que tenha a mesma forma.

12.9 Compatibilidade de tipos genéricos

Como o TypeScript é um sistema de tipo estrutural, os parâmetros de tipo afetam apenas o tipo do resultado quando consumidos como parte do tipo de um membro.

```
interface algumGenerico<T> {
}
let xx: algumGenerico<number>;
let yy: algumGenerico<string>;
xx = yy;  // é compatível
```

No exemplo acima, **xx** e **yy** são compatíveis porque suas estruturas não usam o argumento de tipo como uma forma de diferenciação.

```
interface outroGenerico<T> {
    dados: T;
}
let xxx: outroGenerico<number>;
let yyy: outroGenerico<string>;
xxx = yyy;// incompatível
```

Ao adicionarmos, uma propriedade se tornou incompatível, pois o retorno de uma é **number** e da outra é **string**. O tipo genérico, que tem seus argumentos de tipo, funciona como um tipo não genérico especificado.

Para os tipos genéricos que não têm seus argumentos de tipo especificado, a compatibilidade é verificada com a especificação **any**, no lugar de todos os argumentos de tipo não especificado. Os tipos resultantes são, então, verificados quanto à compatibilidade, assim como no caso não genérico.

```
let indo = function <T>(x: T): T {
    // ...
}
let voltando = function <U>(y: U): U {
    // ...
}
indo = voltando;  // compatível, igual a, let
indo:<T>(x:T)=>T
```

12.10 Subtipo e atribuição

No TypeScript, existem dois tipos de compatibilidade: subtipo e atribuição. Eles diferem apenas na atribuição que estende a compatibilidade do subtipo, com regras para permitir a atribuição de **any** para a enumeração com os valores numéricos correspondentes.

Para fins práticos, a compatibilidade do tipo é ditada pela compatibilidade das atribuições, mesmo nos casos de **implements** e **extends**.

Capítulo 13

Tipos avançados

13.1 Tipos de união

Um tipo de união é uma forma de expressar um valor que pode ser de vários tipos. Usamos a barra vertical (|), **pipe**, para separar cada tipo, de modo que **number | string | boolean** seja do tipo de um valor que pode ser um número, string, ou booleano.

```
function qualquerFuncao(n: string | number) { /* ... */ }
qualquerFuncao('foo'); // aceita string
qualquerFuncao(42); // aceita número
qualquerFuncao(true); // não aceita booleano
```

Se temos um valor com um tipo de união, só podemos acessar os membros que são comuns a todos os tipos na união.

13.2 Tipo de operadores

Os tipos de união são úteis para as situações de modelagem quando os valores podem assumir mais de um tipo. Uma expressão comum no JavaScript para diferenciar os dois valores possíveis é para verificar a presença de um membro. Só é permitido acessar os membros que têm a garantia de estar em todos os componentes de um tipo de união.

```
var valorX: number | boolean;
if (typeof valorX === 'number') {
    // ...
}
```

13.3 Tipo de operadores definidos pelo usuário

O mesmo é válido para os tipos definidos em seu código.

```
interface Veiculo {
    peso: number;
    marchas: number;
    tipo: string;
}
interface Bicicleta {
    peso: number;
    marchas: boolean;
    tamanho: string;
}
var transporte: Veiculo | Bicicleta // definimos que podemos
ter os dois tipos;
var quantoPesa: number = transporte.peso;
var quantidadeMarchas = transporte.marchas;

console.log(transporte.tipo); // erro porque não temos um
tipo em bicicleta
console.log((<Veiculo>transporte).tipo); // especificando
Veiculo que possui um tipo não temos erro
```

Assim como no JavaScript, no TypeScript temos os operadores de tipos primitivos. Os operadores de tipo são alguma expressão que executa uma verificação durante a execução, garantindo o tipo em algum escopo. Para definir um tipo de operador, simplesmente precisamos definir uma função cujo tipo de retorno é um tipo de atributo ou propriedade.

13.4 Operadores do tipo typeof

Criar funções para descobrir se um tipo é primitivo seria um absurdo, podemos abstrair isso porque o TypeScript reconhece o tipo de operadores por conta própria. Isto significa que só podemos escrever estas verificações na mesma linha, **in-line**.

```
function verificaAlgo(valor: number, teste: string | number)
{
    if (typeof teste === "number") {
        return teste + " " + valor; // retorna uma string
    }
    if (typeof teste === "string") {
        return teste + valor; // retorna o valor da soma
    }
}
```

13.5 Operadores do tipo instanceof

Assim como os operadores do tipo **typeof**, temos também os operadores do tipo **instanceof**. São uma forma de verificar os tipos usando a função do construtor.

```
interface Leite {
    tipoLeite(): string;
}
class Vaca implements Leite {
    constructor(private tipo: string) { }
    tipoLeite() {
        return this.tipo;
    }
}
class Cabra implements Leite {
    constructor(private tipo: string) { }
    tipoLeite() {
        return this.tipo;
    }
}
function tipoLeite(algumLeite: any) {
```

```
        if (algumLeite instanceof Vaca) {
            console.log("O leite é de Vaca");
        }
        if (algumLeite instanceof Cabra) {
            console.log("O leite é de Cabra");
        }
    }
    let leiteDeVaca = new Vaca("B");
    let leiteDeCabra = new Cabra("B");

    // imprime: "O leite é de Vaca"
    tipoLeite(leiteDeVaca.tipoLeite());
    // imprime: O leite é de Cabra
    tipoLeite(leiteDeCabra.tipoLeite());
```

O operador **instanceof** necessita ser comparado com uma função e o TypeScript usará:

- o tipo da função de propriedade **prototype**, se o tipo não for **any**;
- a união dos tipos retornados pelas assinaturas do construtor desse tipo em ordem.

13.6 Tipos de interseção

Os tipos de interseção combinam múltiplos tipos em um e estão intimamente relacionados com os tipos de união, mas são usados de forma muito diferente. Um tipo de interseção, **Primeiro & Segundo & Terceiro**, por exemplo, é um **e e e**. Isso significa que um objeto desse tipo terá todos os membros dos três tipos. Na prática, você verá os tipos de interseção utilizando mixins. Aqui está um exemplo de **mixin** simples:

```
function extend<T, U>(primeiro: T, segundo: U): T & U {
    let resultado = <T & U>{};
    for (let id in primeiro) {
```

```
            (<any>resultado)[id] = (<any>primeiro)[id];
        }
        for (let id in segundo) {
            if (!resultado.hasOwnProperty(id)) {
                (<any>resultado)[id] = (<any>segundo)[id];
            }
        }
        return resultado;
    }
    class Nomes {
        constructor(public nome: string) { }
    }
    interface IRegistro {
        log(): void;
    }
    class Registra implements IRegistro {
        log() {
            // ...
        }
    }
    var nome = extend(new Nomes("Marcelo"), new Registra());
    var n = nome.nome;
    nome.log();
```

Veremos os mixins mais detalhadamente adiante.

13.7 Tipo alias

O tipo alias é como criar um novo nome para um tipo. O tipo alias é, por vezes, semelhante às interfaces, mas pode nomear quaisquer outros tipos que você, de outra forma, teria que escrever à mão.

```
type Nome = string;
type Apelido = () => string;
```

```
type NomeApelido = Nome | Apelido;
function pegarNome(n: NomeApelido): Nome {
    if (typeof n === "string") {
        return n;
    }
    else {
        return n();
    }
}
```

Na verdade, não se cria um novo tipo, o TypeScript cria um novo nome para se referir a esse tipo. Criar um alias de um primitivo não é muito útil, embora ele possa ser usado como uma forma de documentação.

Assim como as interfaces, os tipos alias também podem ser genéricos, podemos adicionar parâmetros de tipo e usá-los no lado direito da declaração do alias:

```
type TipoAliases<T> = { valor: T };
```

Também podemos ter um tipo de alias que se refere a si mesmo em uma propriedade:

```
type TipoAliases<T> = { valor: T };

type NovoTipo<T> = {
    valor: T;
    direita: NovoTipo<T>;
    esquerda: NovoTipo<T>;
}
```

Juntamente com os tipos de interseção, podemos fazer alguns tipos interessantes:

```
type Favoritos<T> = T & { proximo: Favoritos<T> };
interface Lugares {
```

```
        nome: string;
}
var locais: Favoritos<Lugares>;
var s = locais.nome;
var s = locais.proximo.nome;
var s = locais.proximo.proximo.nome;
var s = locais.proximo.proximo.proximo.nome;
```

No entanto, não é possível que um tipo de alias apareça em qualquer outro lugar no lado direito da declaração:

```
// erro, pois o tipo não pode se referir a ele mesmo
type TipoErro = Array<TipoErro>;
```

13.8 Interfaces e tipo alias

Os tipos alias podem atuar como um tipo de interface, no entanto, existem algumas diferenças sutis.

Uma diferença é que as interfaces criam um novo nome que é usado em todos os lugares. Os tipos alias não criam um novo nome e, sim, uma nova referência para o nome.

Uma diferença importante é que o tipo alias não pode ser estendido ou implementado, nem pode estender ou implementar outros tipos. Como uma propriedade ideal deve estar aberta à extensão, você deve sempre usar uma interface quando possível.

Por outro lado, se você não conseguir expressar uma forma com uma interface e precisar usar uma união ou tipo tupla, então, o tipo alias geralmente será a melhor solução.

13.9 Tipo string literal

O tipo string literal permite especificar o valor exato que a string deve ter. Na sequência prática, os tipos literais combinam-se bem com os tipos de união, tipo operadores e tipo alias. Você pode usar esses recursos em conjunto para obter o comportamento semelhante a um **enum** com uma **string**.

```
type TipoVeiculo = "Carro" | "Moto" | "Bicicleta";
class Veiculo {
    roda(diametro: number, tipo: TipoVeiculo) {
        if (tipo === "Carro") {
            console.log("Este veiculo é um carro");
        }
        else if (tipo === "Moto") {
            console.log("Este veiculo é uma motocicleta");
        }
        else if (tipo === "Bicicleta") {
            console.log("Este veiculo é uma bicicleta");
        }
        else {
            // nao pode ser indefinido.
        }
    }
}

let veiculo = new Veiculo();
veiculo.roda(15, "Carro");
veiculo.roda(10, "rolema"); // erro: nao existe este tipo de
veiculo
```

Você pode passar qualquer uma das três strings permitidas, mas qualquer outra irá gerar um erro.

Os tipos de cadeia literal podem ser usados da mesma maneira para distinguir as sobrecargas e com certeza, você verá com frequência em códigos como o que segue:

```
function createElement(tagName: "img"): HTMLImageElement;
function createElement(tagName: "input"): HTMLInputElement;
function createElement(tagName: string): Element {
    //
}
```

13.10 Tipo polimórfico this

O tipo polimórfico **this** representa um tipo que é o subtipo da classe que o contém ou da interface. Isto é chamado de **polimorfismo f-bounded**. Isso faz com que as interfaces hierárquicas sejam muito mais fáceis de serem expressas.

```
class Calculadora {
    public constructor(protected valor: number = 0) { }
    public valorAtual(): number {
        return this.valor;
    }
    public adicionar(operador: number): this {
        this.valor += operador;
        return this;
    }
    public multiplicar(operador: number): this {
        this.valor *= operador;
        return this;
    }
    // outras operações possíveis.
}

let v = new Calculadora(2)
    .multiplicar(5)
    .adicionar(1)
```

```
        .valorAtual();
```

Uma vez que a classe usa os tipos **this**, você pode estendê-los e a nova classe pode usar os métodos antigos sem nenhuma alteração.

```
class CalculadoraCientifica extends Calculadora {
    public constructor(valor = 0) {
        super(valor);
    }
    public seno() {
        this.valor = Math.sin(this.valor);
        return this;
    }
    // ... mais operações
}

let calculo = new CalculadoraCientifica(2)
    .multiplicar(5)
    .seno()
    .adicionar(1)
    .valorAtual();
```

Sem os tipos **this**, a calculadora científica não seria capaz de estender a calculadora e a operação de **multiplicar** teria retornado que o método não existe em **CalculadoraCientifica**.

Capítulo 14

Símbolos

Os símbolos são um tipo de dados primitivo, assim como **number**, **string** e **boolean**, e são criados a partir do construtor **Symbol**. Eles fazem parte da especificação ES6 e se você tiver dificuldades com os exemplos, experimente trocar em seu **tsconfig.json** para "**target**": "**es6**".

```
let simbolo1 = Symbol();
let simbolo2 = Symbol("uma string qualquer");
```

Os símbolos são imutáveis e únicos.

```
let simbolo3 = Symbol("umSimbolo");
let simbolo4 = Symbol("umSimbolo");

if(simbolo3 === simbolo4){
    console.log("os simbolos são identicos");
}else{
    console.log("Os simbolos não são identicos pois eles são
unicos");
}
```

Assim como as strings, os símbolos podem ser usados como chaves para as propriedades do objeto.

```
let simbolo = Symbol();
let objeto = {
    [simbolo]: "outroSimbolo"
};
console.log(objeto[simbolo]);
```

14.1 Símbolos internos

Além dos símbolos definidos pelo usuário, há também os símbolos que são usados para representar os comportamentos internos dos objetos. Apenas para ilustrarmos a existência desses símbolos, faremos uma breve descrição.

14.1.1 Symbol.hasInstance

Um método que verifica se um objeto reconhece um objeto como um dos exemplos do construtor. Chamado pela semântica de operador **instanceof**.

14.1.2 Symbol.isConcatSpreadable

Um valor booleano que indica se um objeto faz parte de um dos seus elementos de matriz com **Array.prototype.concat**.

14.1.3 Symbol.iterator

Um método que retorna o iterador padrão para um objeto. Chamado pela semântica da declaração de-para.

14.1.4 Symbol.match

Um método de uma expressão regular que corresponde à expressão regular em uma string. Chamado pelo método **String.prototype.match**.

14.1.5 Symbol.replace

Um método de expressão regular para substituir as substrings correspondentes de uma cadeia. Chamado pelo método **String.prototype.replace**.

14.1.6 Symbol.search

Um método de uma expressão regular que retorna o índice dentro de uma cadeia correspondente. Chamado pelo método **String.prototype.search**.

14.1.7 Symbol.species

A função de propriedade valorizada, que é a função do construtor usada para criar objetos derivados.

14.1.8 Symbol.split

Um método de expressão regular que divide uma string com os índices que correspondem a expressão regular. Chamado pelo método **String.prototype.split**.

14.1.9 Symbol.toPrimitive

Um método que converte um objeto em um valor primitivo correspondente. Chamado pela operação abstrata **ToPrimitive**.

14.1.10 Symbol.toStringTag

Um valor de string que é usado na criação da cadeia de descrição do padrão de um objeto. Chamado pelo método interno **Object.prototype.toString**.

14.1.11 Symbol.unscopables

Um objeto cujos nomes próprios são os nomes das propriedades excluídos das ligações de ambiente dos objetos associados.

Capítulo 15

Iteradores e geradores

15.1 Iteradores

Um objeto é considerado iterador, **iterable**, se ele tem uma implementação para a propriedade **Symbol.iterator**. Alguns tipos embutidos, como **Array**, **Map**, **Set**, **String**, **Int32Array**, **Uint32Array** entre outros, têm suas propriedades **Symbol.iterator** já implementadas. A função de **Symbol.iterator** em um objeto é responsável por devolver a lista de valores para realizar a interação.

15.1.1 Declarações for..of

A declaração **for..of** faz um laço, ou loop, em um objeto iterável, chamando a propriedade **Symbol.iterator** no objeto. Aqui está um laço simples em uma matriz:

```
let algumArray = [1, "string", false];
for (let umaVariavel of algumArray) {
    console.log(umaVariavel); // imprime: 1, "string", false
}
```

15.1.1 Declarações for..of e for..in

Ambas as declarações **for..of** e **for..in** são iteradores de listas, nas quais **for..in** retorna uma lista de chaves no objeto que está sendo iterado, enquanto **for..of** retorna uma lista de valores das propriedades numéricas do objeto que está sendo iterado.

Iremos exemplificar a diferença:

```
let listaNumerica = [4, 5, 6];
```

```
for (let i in listaNumerica) {
   console.log(i); // imprime as chaves "0", "1", "2",
}
for (let i of listaNumerica) {
   console.log(i); // imprime os valores "4", "5", "6"
}
```

Outra distinção é que **for..in** serve como um modo de inspecionar as propriedades neste objeto, enquanto **for..of** tem seu foco nos valores de objetos iteráveis.

```
let animais = new Set(["Peixe", "Gato", "Cachorro"]);
for (let indice in animais) {
    console.log(indice); // retorna nada
}
for (let animal of animais) {
    console.log(animal); // "Peixe", "Gato", "Cachorro"
}
```

Capítulo 16

Módulos

Quanto à terminologia, quando nos referimos a **namespace**, estamos falando sobre os módulos internos e quando falamos somente sobre módulos, estamos referindo-nos aos módulos externos.

Os módulos são executados dentro de seu próprio espaço, não no âmbito global. Portanto, as variáveis, funções, classes etc. declaradas em um módulo não são visíveis fora do módulo, a menos que sejam explicitamente exportadas usando a palavra-chave **export**. Por outro lado, para consumir uma variável, função, classe, interface etc. exportadas a partir de um módulo, usamos a palavra-chave **import**.

Os módulos são declarativos e as relações entre eles são especificadas em termos de importações e exportações no nível do arquivo.

Durante a execução, o carregador de módulo é responsável por localizar e executar todas as dependências de um módulo antes de executá-lo.

No TypeScript, assim como no ECMAScript 2015, qualquer arquivo que contém um alto nível de **import** ou **export** é considerado um módulo.

16.1 Introdução

Diferentes partes dos softwares são normalmente desenvolvidas isoladamente até que algum requisito precise ser atendido por um código já existente. No momento em que mais código é trazido para o projeto, uma dependência é criada entre o código já existente e o novo pedaço de código. Uma vez que essas peças precisam trabalhar juntas, é importante não haver conflitos entre elas. Isto pode parecer comum, mas sem um tipo de encapsulamento, é uma questão de tempo até que dois ou mais módulos entrem em conflito um com o outro.

O desenvolvedor precisa garantir que as dependências sejam atendidas em qualquer bloco de código. Também precisa verificar se as dependências são atendidas na ordem certa, podendo haver exigências de determinadas bibliotecas.

O projeto Commonjs visa definir uma série de especificações para ajudar no desenvolvimento de aplicativos JavaScript, no lado do servidor. Naturalmente, a API é síncrona, em outras palavras, os módulos são carregados no momento e na ordem em que são necessários dentro de um arquivo de origem.

Para o lado do cliente, existem opções populares como o Webpack e Browserify.

O projeto Browserify foi desenvolvido explicitamente para processar as definições do módulo no estilo do Nodejs, agrupando o código dos módulos em um único arquivo que carrega todas as dependências.

Já o projeto Webpack, foi desenvolvido para lidar com a criação de pipelines complexos de transformações de origem antes da publicação. Isto inclui o agrupamento em conjunto com os módulos Commonjs .

O projeto AMD nasceu de um grupo de desenvolvedores que estava descontente com a direção adotada pelo projeto Commonjs. A principal diferença entre a AMD e a biblioteca Commonjs encontra-se em seu apoio à carga assíncrona do módulo. As implementações mais populares da AMD são require.js e Dojo.

Por outro lado, a especificação ECMAScript 2015 decidiu abordar a questão dos módulos e a solução é sintaticamente simples e compatível com ambos os modos síncronos e assíncronos de operação. Essa solução, em virtude de ser integrada na linguagem, permite escolher durante a execução a melhor estratégia de carregamento dos módulos. Em outras palavras, quando o carregamento assíncrono fornece benefícios, ele pode ser usado.

- Os carregamentos síncrono e assíncrono são suportados;
- Sintaticamente simples;
- Suporte para as ferramentas de análise estática;

- Integrado na linguagem, não há necessidade de outras bibliotecas;
- Dependências circulares suportadas.

16.2 Exportar

16.2.1 Exportando uma declaração

Qualquer declaração, seja ela uma variável, função, classe, tipo de alias, seja uma interface, pode ser exportada adicionando a palavra-chave **export**.

- *string-validador.ts*

```
export interface StringValidador {
    ehValido(s: string): boolean;
}
```

- *cep-validador.ts*

```
// expressão regular para pegar somente números
export const numberRegexp = /^[0-9]+$/;

export class CepValidador implements StringValidador {
    ehValido(s: string) {
        // tem que ter 8 números
        return s.length === 8 && numberRegexp.test(s);
    }
}
```

16.2.2 Declarações de exportação

As declarações de exportação são úteis quando as exportações precisam ser renomeadas para serem consumidas. Iremos alterar o nosso exemplo **cep-validador.ts:**

```
// expressão regular para pegar somente números
export const numberRegexp = /^[0-9]+$/;
```

```
class CepValidador implements StringValidador {
    ehValido(s: string) {
        // tem que ter 8 números
        return s.length === 8 && numberRegexp.test(s);
    }
}
export { CepValidador };
export { CepValidador as principalValidador };
```

16.2.3 Reexportações

Muitas vezes, os módulos estendem outros módulos quando queremos algumas de suas características. A ideia é usar a reexportação e não importar localmente, em geral, para introduzir um novo comportamento ou uma variável local. A sintaxe é **export {objeto} from nome-arquivo** — note que não colocamos a extensão do arquivo quando o referenciamos.

- *parse-int-cep-validador.ts*

```
export class ParseIntCepValidador {
    ehValido(s: string) {
        return s.length === 8 && parseInt(s).toString() ===
s;
    }
}
export {CepValidador as RegExpCepValidador} from "./cep-
validador";
```

Opcionalmente, um módulo pode envolver um ou mais módulos e combinar todas as suas exportações usando a sintaxe **export * from nome-arquivo**.

- *todos-validador.ts*

```
export * from "./string-validador"; // exporta a interface
StringValidador
export * from "./cep-validador"; // exporta a classe
```

```
CepValidador
```

16.3 Importar

A importação é quase tão simples quanto exportar a partir de um módulo. A importação de uma declaração de exportação é feita por meio da palavra-chave **import**.

16.3.1 Importar a partir de um módulo

- Uma importação simples - *simples-importacao.ts*

```
import { CepValidador } from "./cep-validador";
let meuValidador = new CepValidador();
```

  - As importações também podem ser renomeadas utilizando a palavra-chave **as:**

```
import { CepValidador as ValidaCep} from "./cep-validador";
let meuValidador = new ValidaCep();
```

16.3.2 Importar o módulo inteiro em uma única variável

Podemos acessar a classe do módulo como no exemplo:

- *modulo-importacao.ts*

```
import * as validador from "./cep-validador";
let meuValidador = new validador.CepValidador();
```

16.3.3 Importar o módulo globalmente

Embora não seja a prática recomendada, alguns módulos podem ser importados de forma global e podem ser utilizados por outros módulos. Esses módulos podem não ter nenhuma exportação ou consumir qualquer uma de suas exportações. Um caso típico são as bibliotecas JavaScript que já temos prontas e queremos reutilizar. Para importar como módulos, use:

import "./minha-biblioteca-JavaScript.js"

Note que usamos a extensão neste caso para referenciarmos a biblioteca JavaScript.

16.4 Exportações padrões

Cada módulo pode, opcionalmente, ter uma exportação padrão, elas são marcadas com a palavra-chave **default** e só pode haver uma exportação **default** por módulo. As exportações **default** são importadas com uma forma de importação diferente.

Por exemplo, uma biblioteca como jQuery pode ter um padrão de exportação jQuery ou $, e também queremos importar com o nome **$** ou **jQuery**.

- *jquery.d.ts*

```
declare let $: JQuery;
export default $;
```

- *app-jquery.ts*

```
import $ from "JQuery";
$("button.proximo").html( "Próximo passo ..." );
```

As classes e as declarações de função podem ser criadas diretamente como exportações padrões. O padrão para a exportação de classes ou declarações de funções é opcional.

- *default-cep-validador.ts*

```
export default class DefaultCepValidador {
    static numberRegexp = /^[0-9]+$/;
    ehValido(s: string) {
        return s.length === 8 && DefaultCepValidador.
numberRegexp.test(s);
    }
}
```

- *default-cep-teste.ts*

```
import validator from "./default-cep-validador";
let meuValidador = new validator();
ou usando uma função default:
funcao-cep-validador.ts
const numberRegexp = /^[0-9]+$/;
export default function (s: string) {
    return s.length === 8 && numberRegexp.test(s);
}
```

- *funcao-cep-teste.ts*

```
import validaFuncaoCep from "./funcao-cep-validador";
let variaveis = ["Marcelo", "22271080", "20000"];
variaveis.forEach(s => {
  console.log(`"${s}" ${validaFuncaoCep(s) ? " é um cep" :
"não é um cep"}`);
});
```

Executando o código no VS Code, teremos um resultado como mostrado nas Figuras 16.1 e 16.2:

Figura 16.1– funcao-cep-teste.

As exportações padrões também podem ser apenas de valores. Veja o resultado na Figura 16.2:

- *exporta-valores.ts*

```
export default "alguma coisa para exportar";
```

- *importa-valores.ts*

```
import valores from "./exporta-valores";
console.log(valores);
```

Figura 16.2 – Importa valores.

16.4.1 export = e import = require()

Ambos Commonjs e AMD possuem o conceito de um **objeto exports** que contém todas as exportações de um módulo.

Eles também suportam substituir o **objeto exports** por um único objeto. As exportações padrões são criadas para atuarem como um substituto para esse comportamento. No entanto, os dois são incompatíveis. O TypeScript suporta **export =** para modelar os Commonjs tradicionais e o fluxo de trabalho AMD.

A sintaxe **export =** é específica e um único objeto é exportado a partir do módulo. Pode ser uma classe, interface, espaço de nomes, função ou enum.

Ao importar um módulo usando **export =**, específico do TypeScript, **import let = require("modulo")** deve ser usado para importar o módulo.

- *require-cep-validador.ts*

```
let numberRegexp = /^[0-9]+$/;
class RequireCepValidador {
    ehUmCep(s: string) {
        return s.length === 8 && numberRegexp.test(s);
    }
}
export = RequireCepValidador;
```

- *require-cep-teste.ts*

```
import cep = require(".\/require-cep-validador");
let strings = ["Marcelo", "22271080", "22000"];
let valida = new cep();
strings.forEach(s => {
  console.log(`"${ s }" - ${ valida.ehUmCep(s) ? "Cep
Válido" : "Cep inválido" }`);
});
```

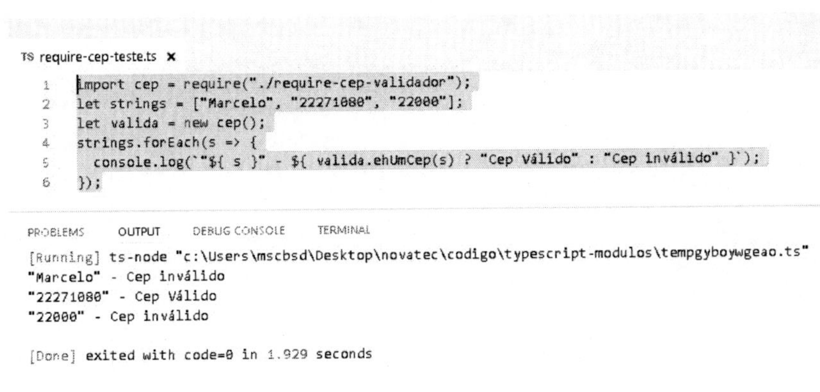

Figura 16.3 – Usando require igual.

16.5 Geração de código para os módulos

Dependendo do destino do módulo especificado durante a compilação, o compilador irá gerar o código apropriado para o Node.js (Commonjs), require.js (AMD), isomórficas (UMD), SystemJS ou ECMAScript 2015 (ES6).

Este exemplo simples mostra como os nomes utilizados durante a importação e a exportação são traduzidos para o código do módulo de carga.

- *teste.modulo.ts*

```
import m = require("modulo");
export let t = m.algumacoisa + 1;
```

Para uma saída usando AMD:

- *amd-require.modulo.js*

```
define(["require", "exports", "./mod"], function (require,
exports, mod_1) {
    exports.t = mod_1.algumacoisa + 1;
});
```

Para uma saída usando Commonjs:

- *commonjs.modulo.js*

```
var mod_1 = require("./mod");
exports.t = mod_1.algumacoisa + 1;
```

Para uma saída UMD:

- *umd.modulo.js*

```
(function (factory) {
    if (typeof module === "object" && typeof module.exports
=== "object") {
```

```
        var v = factory(require, exports); if (v !==
undefined) module.exports = v;
    }
    else if (typeof define === "function" && define.amd) {
        define(["require", "exports", "./mod"], factory);
    }
})(function (require, exports) {
    var mod_1 = require("./mod");
    exports.t = mod_1.algumacoisa + 1;
});
```

Para uma saída Systemjs:

- *systemjs.modulo.js*

```
System.register(["./mod"], function(exports_1) {
    var mod_1;
    var t;
    return {
        setters:[
            function (mod_1_1) {
                mod_1 = mod_1_1;
            }],
        execute: function() {
            exports_1("t", t = mod_1.algumacoisa + 1);
        }
    }
});
```

Para uma saída ECMA2015:

```
import { algumacoisa } from "./mod";
export var t = algumacoisa + 1;
```

Podemos escolher a saída mais conveniente para compilar, mas temos que especificar um alvo para o módulo na linha de comando. Por exemplo:

- Para Nodejs:
  tsc --module commonjs nomedomodulo.ts

- Para AMD requirejs:
  tsc --module amd nomedomodulo.ts

Quando compilado, cada módulo se tornará um arquivo com a extensão **.js** separado. O compilador seguirá as instruções **import** para compilar as dependências dos arquivos.

16.6 Módulo opcional de carga e outros carregando cenários avançados

Em alguns casos, você pode querer carregar apenas um módulo sob algumas condições. No TypeScript, podemos usar o padrão para implementar este e outros cenários de carga avançados para chamar diretamente os carregadores dos módulos sem perder a segurança dos tipos.

O compilador detecta se cada um dos módulos é usado no JavaScript resultante. Se um identificador de módulo sempre for usado como parte de um tipo de anotações e nunca como uma expressão, então, nenhuma chamada **require** é emitida para esse módulo. Esta detecção de referências não utilizadas é uma boa otimização de performance e também permite o carregamento opcional desses módulos.

A ideia central do padrão é que a declaração **import id = require("...")** nos dá acesso aos tipos expostos pelo módulo. O carregador do módulo é chamado de forma dinâmica. Essa otimização de referência funciona de modo que o módulo seja carregado somente quando necessário. Para este padrão de trabalho, é importante que o símbolo definido por meio de um **import** só seja usado nas posições do tipo (ou seja, nunca em uma posição que seria emitida para o JavaScript).

Para manter a segurança do tipo, podemos usar a palavra-chave **typeof**. A referência **typeof**, quando utilizada em uma posição do tipo, produz o tipo de um valor, neste caso, o tipo de módulo.

Usando Nodejs:

- *nodejs-cep-validador.modulo.ts*

```
declare function require(nomeModulo: string): any;
import { CepValidador as CEP } from "./cep-validador";
if(validaCep){
    let CepValidador: typeof CEP = require("./cep-
validador");
    let validacao = new CepValidador();
    if(validacao.ehValido("...")){
        /* Alguma acao para o CEP valido */
        let cepValidado = true;
        console.log("É um CEP valido");
    }
}
```

Usando Requirejs:

- *requirejs-cep-validador.modulo.ts*

```
declare function require(nomeModulo: string[], onLoad: (...
args: any[]) => void): void;
import { CepValidador as CEP } from "./cep-validador";

if (validaCep) {
    require(["./cep-validador"], (CepValidador: typeof CEP)
=> {
        let validacao = new CepValidador();
```

```
            if (validacao.ehValido("...")) { /* ... */ }
        });
    }
```

Usando Systemjs:

- *sitemjs-cep-validador.modulo.ts*

```
declare const System: any;
import { CepValidador as CEP } from "./cep-validador";

if (validaCep) {
    System.import("./cep-validador").then((CepValidador:
typeof CEP) => {
        var x = new CepValidador();
        if (x.ehValido("...")) { /* ... */ }
    });
}
```

16.7 Trabalhando com outras bibliotecas JavaScript

16.7.1 Módulos ambientais

No Node.js, a maioria das tarefas é realizada por carregamento de um ou mais módulos. Poderíamos definir cada módulo em seu próprio arquivo **.d.ts** com as declarações de exportação de alto nível, porém, é mais conveniente escrever como um arquivo maior **.d.ts.** Para fazer isso, usamos uma construção semelhante ao ambiente de namespaces, mas usamos a palavra-chave **module** e o nome do módulo citado que estará disponível para uma importação mais tarde. Por exemplo:

- *node.d.ts*

```
declare module "url" {
    export interface Url {
        protocolo?: string;
```

```
        nomeSite?: string;
        caminhoInterno?: string;
    }

    export function parse(urlStr: string, queryString?,
separadores?): Url;
}

declare module "caminho" {
    export function normalize(p: string): string;
    export function join(...paths: any[]): string;
    export var sep: string;
}
Agora, podemos carregar os módulos usando:
/// <reference> node.d.ts import url = require("url");
```

- *importa-modulo-url.ts*

```
/// <reference path="node.d.ts"/>
import * as URL from "url";
let minhaPagina = URL.parse("http://novatec.com.br");
```

16.8 Orientação para os módulos estruturantes

16.8.1 Exportar com o maior nível possível

Os consumidores de seu módulo devem ter o mínimo possível de problemas ao usarem o que você exporta. Adicionar vários níveis de aninhamento tende a ser complicado, então, pense com cuidado sobre como você deseja estruturar.

Exportar um namespace do seu módulo é um exemplo de adição de muitas camadas de aninhamento. Embora os namespaces, por vezes, tenham seus usos, ele adiciona um nível extra quando se usam módulos. Isto pode tornar-se rapidamente uma fonte de problemas para os usuários e geralmente é desnecessário.

Os métodos estáticos em uma classe exportada têm um problema semelhante, a própria classe adiciona uma camada de assentamento. A menos que ela aumente a expressividade ou a intenção de uma forma claramente útil, considere a simples exportação de uma função auxiliar.

Se você estiver exportando apenas uma classe ou uma função, utilize **export default**.

Exportar perto do nível superior reduz os problemas para os consumidores de seu módulo. Se a finalidade principal de um módulo for uma exportação específica, então, você deverá considerar exportá-lo como um padrão de exportação. Isso faz com que a importação seja muito mais simples. Por exemplo, veja o código a seguir e o resultado na Figura 16.4:

- *minha-classe.ts*

```
export default class MinhaClasse {
  constructor() {
    /* ... */
    }
}
```

- *minha-funcao.ts*

```
export default function minhaFuncao() { return "alguma
coisa"; }
```

- *consumir.ts*

```
import c from "./minha-classe";
import f from "./minha-funcao";
let x = new c();
console.log(f());
```

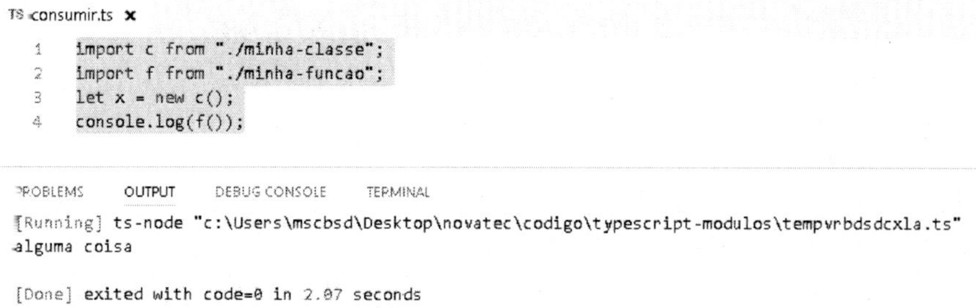

Figura 16.4– Consumindo módulos.

Isto é ideal para os consumidores, pois eles podem nomear seus tipos como quiserem e não têm que fazer nenhum excesso ou gambiarra para encontrar seus objetos.

Se você estiver exportando vários objetos, deve colocá-los todos no alto nível.

- *minhas-coisas.ts*

```
export class AlgumaClasse { /* ... */ }
export function outraFuncao() { /* ... */ }
```

Ao importar, faça uma lista explícita:

- *consumindo-minhas-coisas.ts*

```
import {AlgumaClasse,outraFuncao} from "./minhas-coisas";
let x = AlgumaClasse();
let y = outraFuncao();
```

Use o padrão de namespace se você for importar muitas coisas:

- *modulo-enorme.ts*

```
export class Gato{};
export class Cachorro{};
export class Papagaio{};
export class Periquito{};
```

- *consumindo-modulo-enorme.ts*

```
import * as ModuloGigante from "./modulo-enorme";
let x = new ModuloGigante.Papagaio();
```

16.8.2 Estender a reexportação

Muitas vezes, você precisará estender a funcionalidade de um módulo. Um padrão comum no JavaScript é aumentar o objeto original com extensões, semelhante às extensões JQuery. A solução recomendada é não transformar o objeto original, mas sim, exportar uma nova entidade que forneça a nova funcionalidade.

Considere uma aplicação simples de uma calculadora definida no módulo calculadora. O módulo também exporta uma função auxiliar para testar a funcionalidade da calculadora, passando uma lista de parâmetros, e escrever o resultado no final.

- *calculadora.modulo.ts*

```
export class Calculadora {
    private corrente = 0;
    private memoria = 0;
    private operador: string;

    protected verificaDigitos(digito: string, valorAtual:
number) {
        if (digito >= "0" && digito <= "9") {
            return valorAtual * 10 + (digito.charCodeAt(0) -
"0".charCodeAt(0));
        }
    }

    protected verificaOperador(operador: string) {
        if (["+", "-", "*", "/"].indexOf(operador) >= 0) {
            return operador;
        }
```

```
    }

    protected avaliaOperador(operador: string, primeiro:
number, segundo: number): number {
        switch (this.operador) {
            case "+": return primeiro + segundo;
            case "-": return primeiro - segundo;
            case "*": return primeiro * segundo;
            case "/": return primeiro / segundo;
        }
    }

    private verificador() {
        if (this.operador) {
            this.memoria = this.avaliaOperador(this.
operador, this.memoria, this.corrente);
        }
        else {
            this.memoria = this.corrente;
        }
        this.corrente = 0;
    }

    public verificaCaracter(char: string) {
        if (char === "=") {
            this.verificador();
            return;
        }
        else {
            let valor = this.verificaDigitos(char, this.
corrente);
            if (valor !== undefined) {
                this.corrente = valor;
                return;
```

```
                }
                else {
                    let valor = this.verificaOperador(char);
                    if (valor !== undefined) {
                        this.verificador();
                        this.operador = valor;
                        return;
                    }
                }
            }
            throw new Error(`Caracter invalido: '${char}'`);
        }

        public resultado() {
            return this.memoria;
        }
}

export function teste(c: Calculadora, conta: string) {
    for (let i = 0; i < conta.length; i++) {
        c.verificaCaracter(conta[i]);
    }

    console.log(`Resultado da conta '${conta}' é igual a
'${c.resultado()}'`);
}
```

Iremos testar nosso módulo calculadora:

- *calculadora.teste.ts*

```
import { Calculadora, teste } from "./calculadora.modulo";
let c = new Calculadora();
teste(c, "1+2*10/5=");
```

Em nosso teste no VS Code, temos um resultado como mostrado na Figura 16.5:

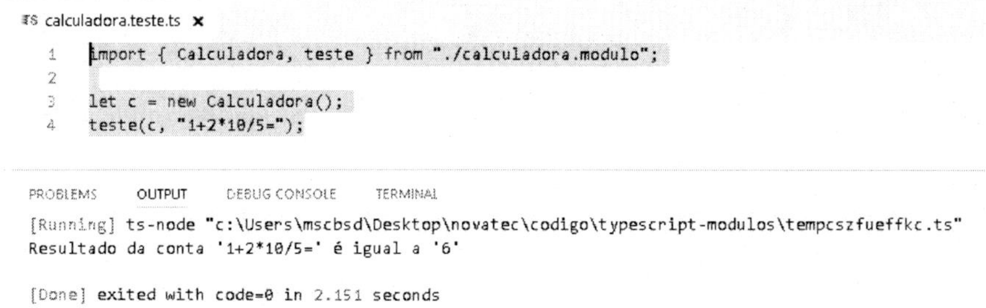

Figura 16.5 – Teste o módulo calculadora.

Iremos estender e adicionar uma funcionalidade ao módulo calculadora, permitindo que façamos contas com números decimais, binários ou qualquer outra base até a base hexadecimal, ou seja, a base pode ser de até 16 dígitos.

- *calculadora-extendida.modulo.ts*

```
import { Calculadora } from "./calculadora.modulo";

//import { Calculadora } from "./Calculator";

class CalculadoraEstendida extends Calculadora {
    static digitos = ["0", "1", "2", "3", "4", "5", "6",
"7", "8", "9", "A", "B", "C", "D", "E", "F"];

    constructor(public base: number) {
        super();
        if (base <= 0 || base > CalculadoraEstendida.
digitos.length) {
            throw new Error("a base deve ser entre 0 to 16
.");
        }
    }
```

```
    protected verificaDigitos(digito: string, currentValue:
number) {
        if (CalculadoraEstendida.digitos.indexOf(digito) >=
0) {
            return currentValue * this.base +
CalculadoraEstendida.digitos.indexOf(digito);
        }
    }
}

// Exporta a calculadora estendida com o nome de calculadora
export { CalculadoraEstendida as Calculadora };
// Reexportamos a função teste
export { teste } from "./calculadora.modulo";
```

O novo módulo exporta de forma semelhante à API original do módulo, mas não aumenta todos os objetos no módulo inicial.

- *calculadora-estendida.teste.ts*

```
import { Calculadora, teste } from "./calculadora-estendida.
modulo";
let baseBinaria = new Calculadora(2);
teste(baseBinaria, "001+010=");
```

Testando nossa calculadora no VS Code, temos um resultado como mostra a Figura16.6:

```
TS calculadora-estendida.teste.ts ×

import { Calculadora, teste } from "./calculadora-estendida.modulo";

let baseBinaria = new Calculadora(2);
teste(baseBinaria, "001+010=");

PROBLEMS    OUTPUT    DEBUG CONSOLE    TERMINAL

[Running] ts-node "c:\Users\mscbsd\Desktop\novatec\codigo\typescript-modulos\tempaqfprfqvqi.ts"
Resultado da conta '001+010=' é igual a '3'

[Done] exited with code=0 in 2.235 seconds
```

Figura 16.6– Teste a calculadora estendida.

Em uma organização baseada em módulos, uma tendência comum é envolver as exportações em uma camada adicional de namespaces. Os módulos têm seu próprio escopo e as declarações exportadas são visíveis no exterior do módulo. O namespace fornece muito pouco valor ao trabalhar com módulos.

Os namespaces são úteis para agrupar objetos e tipos relacionados com a lógica no âmbito global. Ao organizar os nossos tipos em namespaces hierárquicos, fornecemos uma boa experiência para a descoberta desses tipos. Os módulos já estão presentes em um sistema de arquivos, necessariamente. Temos que resolvê-los pelo caminho e pelo nome, então, não há um esquema de organização lógica para usarmos.

É importante lembrar que os namespaces são importantes para evitar colisões de nomenclatura no âmbito global.

Você pode ter dois tipos com o mesmo nome, mas nos namespaces diferentes, no entanto, isso não é um problema com os módulos. Dentro de um módulo, não há nenhuma razão plausível para ter dois objetos com o mesmo nome. No lado do consumidor de qualquer módulo, é possível escolher o nome desejado para se referir ao módulo, assim, os conflitos de nomenclatura acidentais são praticamente impossíveis.

Capítulo 17

Namespaces

Anteriormente denominados módulos internos, os namespaces são definidos em qualquer lugar onde a palavra-chave **module** é usada para declarar um módulo interno — a palavra-chave **namespace** pode e deve ser usada a fim de evitar confusões ou sobrecargas indesejadas.

17.1 Validadores em um único arquivo

Criaremos um conjunto de validadores de strings para verificar a entrada dos dados e, de forma similar, poderíamos verificar o formato de um arquivo de dados fornecido externamente.

- *string.validador.ts*

```
let letrasRegexp = /^[A-Za-z]+$/;
let numerosRegexp = /^[0-9]+$/;

interface StringValidador {
    ehValido(s: string): boolean;
}

class SomenteLetrasValidador implements StringValidador {
    ehValido(s: string) {
        return letrasRegexp.test(s);
    }
}

class CepValidador implements StringValidador {
    ehValido(s: string) {
        return s.length === 8 && numerosRegexp.test(s);
    }
```

```
}

// alguns dados
let dados = ["Marcelo", "22271080", "2017"];

// Iremos criar uma lista de validadores
let validadores: { [s: string]: StringValidador; } = {};
validadores["CEP"] = new CepValidador();
validadores["Letras"] = new SomenteLetrasValidador();

// Iremos verificar os nossos dados
for (let s of dados) {
    for (let validador in validadores) {
        let verifica = validadores[validador].ehValido(s);
        console.log(`'${ s }' ${ verifica ? "Validado pelo
validador" : "Inválido para o validador" } '${ validador
}'.`);
    }
}
```

À medida que adicionamos mais validadores, queremos ter algum tipo de organização para que possamos manter o controle de nossos tipos e não nos preocuparmos com as colisões de nomes com outros objetos.

Colocaremos todas as entidades relacionadas com o validador em um namespace chamado **Validadores**. Isso porque queremos que as interfaces e as classes sejam visíveis fora do namespace com o uso da palavra-chave **export**. Por outro lado, as funcionalidades **SomenteLetrasValidador** e **CepValidador** são detalhes da implementação, por isso não são exportadas nem visíveis fora do espaço de nomes.

- *namespace.validadores.ts*

```
namespace Validadores {
    export interface StringValidador {
        ehValido(s: string): boolean;
```

```
    }

    let letrasRegexp = /^[A-Za-z]+$/;
    let numerosRegexp = /^[0-9]+$/;

    export class SomenteLetrasValidador implements
StringValidador {
        ehValido(s: string) {
            return letrasRegexp.test(s);
        }
    }

    export class CepValidador implements StringValidador {
        ehValido(s: string) {
            return s.length === 8 && numerosRegexp.test(s);
        }
    }
}

// alguns dados
let dadosTeste = ["Marcelo", "22271080", "2017"];

// Iremos criar uma lista de validadores
let valida: { [s: string]: Validadores.StringValidador; } =
{};
valida["CEP"] = new Validadores.CepValidador();
valida["Letras"] = new Validadores.SomenteLetrasValidador();

// Iremos verificar os nossos dados
for (let s of dadosTeste) {
    for (let validador in valida) {
        let verifica = valida[validador].ehValido(s);
        console.log(`'${s}' ${verifica ? "Validado pelo
validador" : "Inválido para o validador"} '${validador}'.`);
```

```
        }
    }
```

Testando o nosso código no VS Code, temos o resultado do namespace como vemos na Figura 17.1.

```
namespace Validadores {
    export interface StringValidador {
        ehValido(s: string): boolean;
    }

    let letrasRegexp = /^[A-Za-z]+$/;
    let numerosRegexp = /^[0-9]+$/;

    export class SomenteLetrasValidador implements StringValidador {
        ehValido(s: string) {
            return letrasRegexp.test(s);
        }
    }

    export class CepValidador implements StringValidador {
        ehValido(s: string) {
            return s.length === 8 && numerosRegexp.test(s);
        }
    }
}

// alguns dados
let dadosTeste = ["Marcelo", "22271080", "2017"];

// Vamos criar uma lista de validadores
let valida: { [s: string]: Validadores.StringValidador; } = {};
valida["CEP"] = new Validadores.CepValidador();
valida["Letras"] = new Validadores.SomenteLetrasValidador();

// Vamos verificar os nossos dados
for (let s of dadosTeste) {
    for (let validador in valida) {
        let verifica = valida[validador].ehValido(s);
        console.log(`'${s}' ${verifica ? "Validado pelo validador" : "Inválido para o validador"} '${validador}'.`);
    }
}
```

```
[Running] ts-node "c:\Users\mscbsd\Desktop\novatec\codigo\typescript-namespace\temptjmbhyckei.ts"
'Marcelo' Inválido para o validador 'CEP'.
'Marcelo' Validado pelo validador 'Letras'.
'22271080' Validado pelo validador 'CEP'.
'22271080' Inválido para o validador 'Letras'.
'2017' Inválido para o validador 'CEP'.
'2017' Inválido para o validador 'Letras'.

[Done] exited with code=0 in 1.95 seconds
```

Figura 17.1 – Validando o namespace.

17.2 Divisão entre várias pastas e arquivos

Conforme nosso aplicativo cresce, quereremos dividir o código em vários arquivos para torná-lo mais fácil de manter.

17.2.1 Namespaces multiarquivo

Aqui, iremos dividir o namespace **Validadores** em vários arquivos, mas chamaremos esse namespace de **Validacao**. Mesmo que os arquivos sejam separados, cada um pode contribuir para o mesmo **namespace** e podem ser consumidos como se fossem uma coisa só. Existem dependências entre os arquivos, portanto, adicionaremos tags de referência para informar ao compilador sobre as relações entre os arquivos.

- *namespace-validacao.ts*

```
namespace Validacao {
    export interface StringValidacao {
        ehValido(s: string): boolean;
    }
}
```

- *somente-letras.validacao.ts*

```
/// <reference path="namespace-validacao.ts" />
namespace Validacao {
    const letrasRegexp = /^[A-Za-z]+$/;
    export class SomenteLetrasValidacao implements
StringValidacao {
        ehValido(s: string) {
            return letrasRegexp.test(s);
        }
    }
}
```

- *cep.validacao.ts*

```
/// <reference path="namespace-validacao.ts" />
namespace Validacao {
    const numerosRegexp = /^[0-9]+$/;
    export class CepValidacao implements StringValidacao {
        ehValido(s: string) {
```

```
            return s.length === 8 && numerosRegexp.test(s);
        }
    }
}
```

- *teste.validacao.ts*

```
/// <reference path="namespace-validacao.ts" />
/// <reference path="somente-letras.validacao.ts" />
/// <reference path="cep.validacao.ts" />

// dados para teste do namespace validacao
let testeValidacao = ["Marcelo", "22271080", "2017"];

// Iremos criar uma lista de validadores do namespace
let testeValidadores: { [s: string]: Validacao.
StringValidacao; } = {};
testeValidadores["CEP"] = new Validacao.CepValidacao();
testeValidadores["Letras"] = new Validacao.
SomenteLetrasValidacao();

// Iremos validar os nossos dados pelo nosso namespace
for (let s of testeValidacao) {
      for (let nomeValidador in testeValidadores) {
        let verifica = testeValidadores[nomeValidador].
ehValido(s);
        console.log(`'${s}' ${verifica ? "Validado
pelo validador" : "Inválido para o validador"}
'${nomeValidador}'.`);
    }
}
```

Uma vez que existem vários arquivos envolvidos, precisamos certificar-nos de que todo o código compilado seja carregado e há duas maneiras de fazer isso.

Primeiro, podemos usar a saída concatenada usando o parâmetro de compilação **--outFile** para compilar todos os arquivos de entrada em um único arquivo de saída JavaScript:

tsc --outFile testeValidacao.js teste.validacao.ts

Podemos abrir o **prompt** de comando e navegar até seu diretório do projeto ou podemos, no VS Code, ir para o menu em **view** e selecionar **terminal, como mostrado na Figura 17.2:**

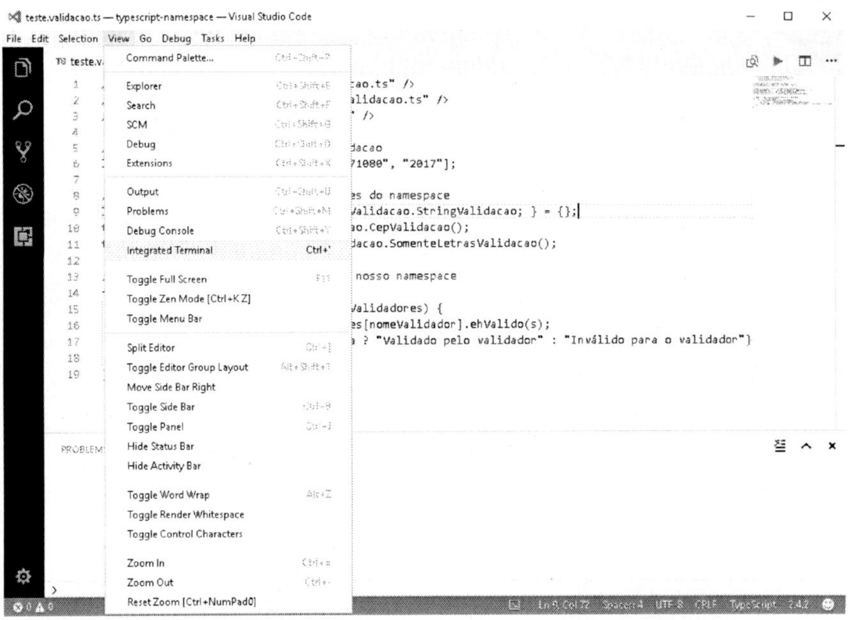

Figura 17.2– Selecionando o terminal no VS Code.

Também podemos usar a combinação de teclas **ctrl+shift+p** e procurar a opção **create openintegrated terminal,** como mostrado na Figura 17.3:

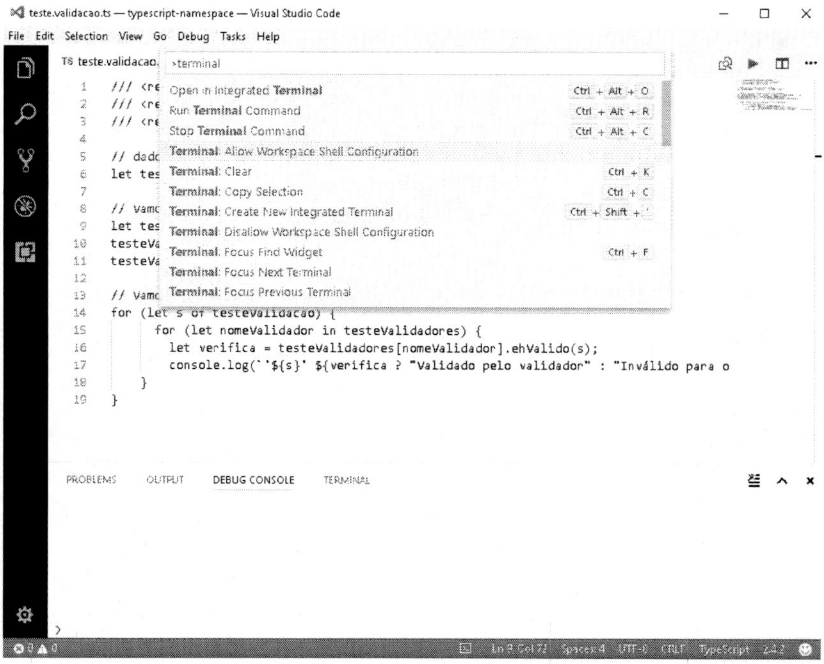

Figura 17.3 – Abrindo o terminal com teclas de atalho.

O compilador irá gerar automaticamente o arquivo de saída com base nas marcas de referência presentes nos arquivos. O arquivo de saída ficará assim:

```
/// <reference path="namespace-validacao.ts" />
var Validacao;
(function (Validacao) {
    var letrasRegexp = /^[A-Za-z]+$/;
    var SomenteLetrasValidacao = (function () {
        function SomenteLetrasValidacao() {
        }
        SomenteLetrasValidacao.prototype.ehValido = function (s) {
            return letrasRegexp.test(s);
        };
        return SomenteLetrasValidacao;
```

```
    }());
    Validacao.SomenteLetrasValidacao =
SomenteLetrasValidacao;
})(Validacao || (Validacao = {}));
/// <reference path="namespace-validacao.ts" />
var Validacao;
(function (Validacao) {
    var numerosRegexp = /^[0-9]+$/;
    var CepValidacao = (function () {
        function CepValidacao() {
        }
        CepValidacao.prototype.ehValido = function (s) {
            return s.length === 8 && numerosRegexp.test(s);
        };
        return CepValidacao;
    }());
    Validacao.CepValidacao = CepValidacao;
})(Validacao || (Validacao = {}));
/// <reference path="namespace-validacao.ts" />
/// <reference path="somente-letras.validacao.ts" />
/// <reference path="cep.validacao.ts" />
// dados para teste do namespace validacao
var testeValidacao = ["Marcelo", "22271080", "2017"];
// Iremos criar uma lista de validadores do namespace
var testeValidadores = {};
testeValidadores["CEP"] = new Validacao.CepValidacao();
testeValidadores["Letras"] = new Validacao.
SomenteLetrasValidacao();
// Iremos validar os nossos dados pelo nosso namespace
for (var _i = 0, testeValidacao_1 = testeValidacao; _i <
testeValidacao_1.length; _i++) {
    var s = testeValidacao_1[_i];
    for (var nomeValidador in testeValidadores) {
        var verifica = testeValidadores[nomeValidador].
```

```
ehValido(s);
        console.log("'" + s + "' " + (verifica ? "Validado
pelo validador" : "Inválido para o validador") + " '" +
nomeValidador + "'.");
    }
}
```

Rodando no VS Code o arquivo gerado **testeValidacao.js**, temos o resultado no console, como vemos na Figura 17.4:

Figura 17.4 – Teste a validação de CEP.

Podemos também especificar cada um dos arquivos individualmente para gerar nosso arquivo:

```
tsc --outFile testeValidacao.js namespace-validacao.
ts somente-letras.validacao.ts cap.validacao.ts teste.
validacao.ts
```

Como alternativa, podemos usar a compilação por arquivo para emitir um arquivo JavaScript para cada arquivo de entrada. Se vários arquivos JavaScript forem produzidos, precisaremos usar as tags **<script>** em uma página web para carregar cada um dos arquivos gerados na ordem apropriada, ou seja:

- primeiro o JavaScript do **namespace**;
- segundo e terceiro podem ser o JavaScript **somente-letras.validacao.js** ou **cep.validacao.js**;
- por último, o nosso **teste.validacao.js.**

Você pode abrir o terminal no VS Code para gerar individualmente cada arquivo ou pode ainda, no menu **view** do VS Code, selecionar a opção debug, conforme mostra a Figura 17.5:

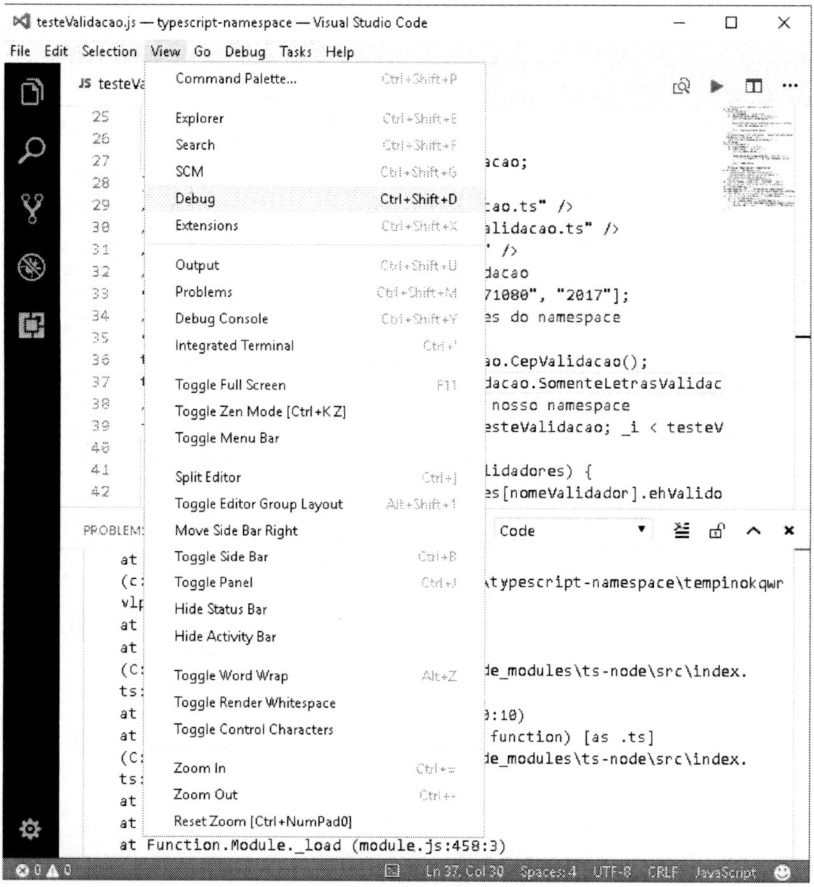

Figura 17.5 – Terminal de validação.

Desta forma, serão gerados todos os arquivos JavaScript do projeto no diretório **script** conforme configuramos nosso ambiente, como visto na Figura 17.6.

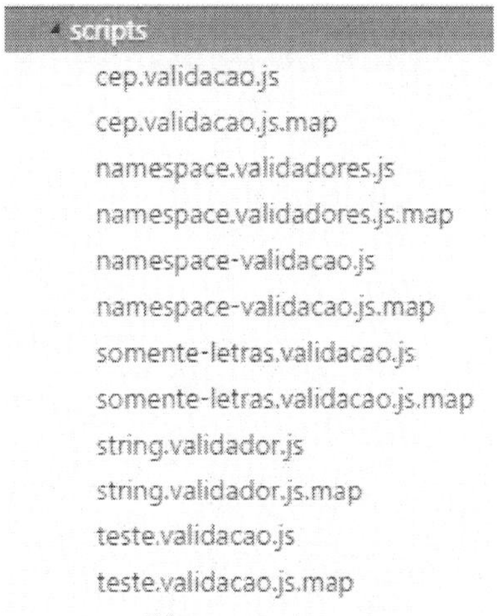

Figura 17.6– Arquivos JavaScript gerados.

Apenas como referência, o código HTML da página web para carregar o namespace validação seria:

- *teste-validacao.html*

```
<script scr="scripts/namespace-validacao.js" type="text/
JavaScript">
<script scr="scripts/somente-letras.validacao.js"
type="text/JavaScript">
<script scr="scripts/cep-validacao.js" type="text/
JavaScript">
<script scr="scripts/teste-validacao.js" type="text/
JavaScript">
```

17.3 Aliases

Outra forma de simplificar o trabalho com namespaces é usar a palavra-chave **import** para criar alias para os objetos de uso comum. Não devemos confundir com a síntese **import x = require("modulo")** utilizada para carregar os módulos — tal sintaxe simplesmente cria um alias para o símbolo especificado. Você pode usar esses tipos de importações, aliases, para qualquer tipo de identificador, incluindo objetos criados a partir das importações do módulo.

- *namespace-figuras.ts*

```
namespace Figuras {
    export namespace Poligono {
        export class Triangulo { }
        export class Retangulo { }
    }
}

import poligonos = Figuras.Poligono;
// Idêntico a usar 'new Figuras.Poligono.Retangulo()'
let ret = new poligonos.Retangulo();
```

Note que não usamos a palavra-chave **require**, atribuímos diretamente a partir do nome. Funciona com os tipos e os namespaces. Uma referência **import** é distinta do símbolo original, então, usar **var** ao invés de **let** não se reflete na variável original.

17.4 Trabalhando com outras bibliotecas JavaScript

Para importarmos as bibliotecas não escritas no TypeScript, precisamos declarar na API o que a biblioteca expõe. Como a maioria das bibliotecas JavaScript expõe apenas alguns objetos de nível superior, usar namespaces é uma boa maneira de representá-las.

17.4.1 Namespaces ambientais

A biblioteca popular D3 define sua funcionalidade em um objeto global chamado **d3**. Como essa biblioteca é carregada através de uma tag **<script>** (em vez de um carregador de módulo), sua declaração usa namespaces para definir sua forma. Para o compilador TypeScript, usamos uma declaração de ambiente **namespace**. Por exemplo, como referência, podemos fazer da seguinte forma:

- *d3.d.ts*

```
declare namespace D3 {
    export interface Selectors {
        select: {
            (selector: string): Selection;
            (element: EventTarget): Selection;
        };
    }

    export interface Event {
        x: number;
        y: number;
    }

    export interface Base extends Selectors {
        event: Event;
    }
}

declare var d3: D3.Base;
```

Capítulo 18

Namespaces e módulos

Iremos descrever as várias formas de organizarmos nosso código usando namespaces e módulos no TypeScript. Também veremos alguns tópicos avançados sobre como usar os namespaces e módulos, e abordaremos algumas armadilhas comuns.

18.1 Usando namespaces

Os namespaces estão simplesmente chamando os objetos JavaScript no espaço global de nomes. Isso faz com que os namespaces sejam muito simples de usar. Podem abranger vários arquivos e ser concatenados utilizando **--outFile**. Os namespaces podem ser uma boa maneira de estruturar seu código em um aplicativo web, com todas as dependências incluídas como tags **<script>** em sua página HTML.

Por causa de toda a confusão do namespace global, pode ser difícil identificar as dependências dos componentes, especialmente em uma grande aplicação.

18.2 Usando módulos

Como os namespaces, os módulos podem conter tanto código como declarações. A principal diferença é que os módulos declararam suas dependências.

Os módulos também têm uma dependência em um carregador de módulo, como Commonjs e require.js. Para uma pequena aplicação, isso pode não ser o ideal, mas para as aplicações maiores, o custo é compensado com a modularidade e a facilidade de manutenção para obter benefícios de longo prazo. Os módulos fornecem uma melhor forma de reutilização do código, o isolamento é mais forte e têm um melhor suporte para as ferramentas de agrupamento.

Também é importante notar que para as aplicações Node.js, os módulos são o padrão e a abordagem recomendada para estruturar seu código.

Começando com ECMAScript 2015, os módulos são uma parte nativa da linguagem e devem ser optados por todas as implementações. Assim, para os novos projetos, os módulos são o mecanismo de organização de código recomendado.

18.3 Armadilhas dos namespaces e módulos

Existem alguns perigos e iremos descrever várias armadilhas comuns ao usar os namespaces e módulos, e como evitá-las.

Um erro comum é tentar usar a sintaxe **/// <reference ... />** para se referir a um arquivo de módulo, em vez de usar uma declaração **import**. Para entendermos a diferença, precisamos primeiro compreender como o compilador pode localizar as informações do tipo para um módulo com base no caminho de um **import**, por exemplo, em **import x from "...";** ou **import x = require("...");**.

O compilador tentará encontrar um arquivo com a extensão **.ts** ou **.tsx**, em seguida, um **.d.ts** com o caminho apropriado. Se um arquivo específico não puder ser encontrado, então, o compilador irá procurar por uma declaração de módulo ambiental. Estas precisam ser declaradas em um arquivo com a extensão **.d.ts**.

- *meu-modulo.d.ts*

```
declare module "AlgumModulo" {
    export function fn(): string;
}
```

- *meu-outro-modulo.ts*

```
/// <reference path="meu-modulo.d.ts" />
import * as m from "AlgumModulo";
```

A tag de referência aqui nos permite localizar o arquivo de declaração que contém a declaração para o módulo de ambiente. É assim que o arquivo **node.d.ts** é consumido.

18.3.1 Namespaces desnecessários

Se você estiver convertendo um programa de namespaces para módulos, usaremos o nosso exemplo:

- *figuras.ts*

```
namespace Figuras {
        export class Triangulo { }
        export class Retangulo { }
}
```

O módulo de nível superior aqui contém **Figuras**, **Triangulo** e **Retangulo**. Isto pode ficar confuso e ser irritante para os consumidores de seu módulo:

- *consome-figuras.ts*

```
import * as figuras from "./namespace-figuras";
let fig = new figuras.Figuras.Retangulo();
```

Fica estranha uma chamada como **figuras.Figuras**. Uma característica dos módulos no TypeScript é que dois módulos diferentes nunca contribuirão com nomes para o mesmo escopo. Como o consumidor de um módulo decide o nome que quer atribuir a ele, não há necessidade de envolver, de forma proativa, os símbolos exportados em um namespace.

Para reinterar por que você não deve tentar usar o namespace nos conteúdos do módulo, a ideia geral de namespace é fornecer um agrupamento lógico de construções e evitar as colisões de nomes. Como o próprio arquivo de módulo já é um agrupamento lógico e seu nome de nível superior é definido pelo código que importa isso, é desnecessário o uso de uma camada de módulo adicional para os objetos exportados. Desta forma, revisamos nosso arquivo **figuras.ts** para:

- *figuras.ts*

```
export class Triangulo { }
export class Retangulo { }
```

- *consome-figuras.ts*

```
import * as figuras from "./figuras";
// a chamada ficou mais simples agora
let fig = new figuras.Retangulo();
```

18.3.2 Correspondência entre módulos

Assim como existe uma correspondência de um-para-um entre os arquivos **.js** e os módulos, o TypeScript tem uma correspondência de um-para-um entre os arquivos de origem do módulo e seus arquivos **.js** gerados. Um efeito disto é que não é possível usar a opção **--outFile** do compilador para concatenar vários arquivos de origem do módulo em um único arquivo JavaScript.

Capítulo 19

Resolução do módulo

Resolução do módulo é o processo que o compilador usa para descobrir a que uma importação se refere. Considere uma declaração de importação como **import { a } from "moduloA"** para verificar qualquer uso de **a**. O compilador precisa saber exatamente o que ela representa e terá que verificar sua definição em **moduloA**.

O compilador irá indagar o que é a forma de **moduloA**. Isto poderia ser definido em um de seus próprios arquivos **.ts** ou **.tsx**, ou em uma dependência **.d.ts**.

Em primeiro lugar, o compilador tentará localizar um arquivo que representa o módulo importado. Para isso, o compilador segue uma de duas estratégias diferentes: clássico ou nó. Essas estratégias informam ao compilador onde procurar **moduloA**.

Se isso não funcionar e se o nome do módulo não for relativo, então, o compilador tentará localizar uma declaração de módulo ambiental.

Finalmente, se o compilador não conseguiu resolver o módulo, ele registrará um erro. Neste caso, o erro seria algo parecido com:

```
error TS2307: Cannot find module 'moduloA'.
```

19.1 Importações de módulos relativas versus não relativas

As importações do módulo são resolvidas de forma diferente em relação à referência do módulo ser ou não pai.

A importação relativa é aquela que começa com barra, ponto barra, dois pontos barras, como no exemplo:

```
import meuComponenteEspecial from "./components/especial";
import {Cabecalho} from "../constants/http";
import "/modules";
```

Qualquer outra importação é considerada não pai. Por exemplo:

```
import * as $ from "jQuery";
import { Component } from "angular2/core";
```

A importação relativa é resolvida em relação ao arquivo de importação e não pode resolver uma declaração de módulo do ambiente. Você deve usar as importações relativas para seus próprios módulos, assim, garante que será mantida sua posição relativa durante a execução.

19.2 Estratégias do módulo Resolução

Há duas estratégias de resolução do módulo possíveis: nó e clássico. Você pode usar os sinalizados **--moduleResolution** para especificar a estratégia de resolução do módulo. Por padrão, se não for especificada, será nó.

19.2.1 Estratégia clássica

Isto costumava ser a estratégia de resolução padrão do TypeScript. Hoje, essa estratégia está presente principalmente para a compatibilidade com as versões anteriores.

A importação será resolvida em relação ao arquivo de importação. Então, **import { b } from "./moduloB"** dentro do arquivo **/root/src/pasta/A.ts** resultaria nas seguintes pesquisas:

```
/root/src/pasta/moduloB.ts
/root/src/pasta/moduloB.d.ts
```

Para as importações do módulo não relativas, com caminhos absolutos, no entanto, o compilador caminha até a árvore de diretórios começando com o diretório que contém o arquivo de importação, tentando localizar um arquivo de definição de correspondência.

Por exemplo:

A importação não relativa ao **moduloB** com **import { b } from "moduloB"**, dentro do arquivo **/root/src/folder/A.ts, r**esultaria na tentativa dos seguintes locais para a localização de **"moduloB"**, primeiro dentro da própria pasta e descendo de nível a cada tentativa:

```
/root/src/folder/moduloB.ts
/root/src/folder/moduloB.d.ts
/root/src/moduloB.ts
/root/src/moduloB.d.ts
/root/moduloB.ts
/root/moduloB.d.ts
/moduloB.ts
/moduloB.d.ts
```

19.2.2 Estratégia de nó

Esta estratégia de resolução tenta imitar o mecanismo do Node.js de resolução do módulo durante a execução. O algoritmo de resolução total Node.js é descrito na documentação do Node.js.

Para entender quais os passos que o compilador TypeScript seguirá, é importante entender um pouco sobre os módulos no Node.js. Tradicionalmente, as importações no Node.js são executadas ao chamar uma função denominada **require**. O comportamento Node.js será diferente, dependendo de **require** receber um caminho relativo ou um caminho absoluto.

Os caminhos relativos são bastante simples. Como exemplo, iremos considerar um arquivo localizado em **/root/src/moduloA.js,** que contém a importação **var x = require(“./moduloB”);**. O Node.js resolve a importação na seguinte ordem:

1. Com o arquivo chamado **/root/src/moduloB.js,** se ele existir.

2. Verifica a pasta **/root/src/moduloB para saber** se ela contém um arquivo chamado **package.json** que especifica um módulo **“main”**. No nosso exemplo, se Node.js encontrou o arquivo **/root/src/moduloB/package.json** contendo { **“main”: “lib/mainModulo.js”** }, então, o Node.js irá referir-se a **/root/src/moduloB/lib/mainModulo.js.**

3. Se a pasta **/root/src/moduloB** contiver um arquivo chamado **index.js**, esse arquivo será considerado implicitamente o módulo **“main”** da pasta.

No entanto, a resolução para um nome do módulo não relativo é realizada de forma diferente. O Node verá seus módulos em pastas especiais com o nome **node_modules**. A pasta **node_modules** pode estar no mesmo nível do arquivo atual ou mais acima na cadeia de diretórios. O Node andará até a cadeia de diretórios, olhando cada pasta de **node_modules** até encontrar o módulo que você tentou carregar.

Seguindo nosso exemplo acima, considerando **/root/src/moduloA.js,** se não usarmos o caminho relativo para a importação **var x = require(“moduloB”);**, então, tentaremos resolver o **moduloB** em cada um dos locais:

```
/root/src/node_modules/moduloB.js
/root/src/node_modules/moduloB/package.json(se especifica uma
propriedade "main")
/root/src/node_modules/moduloB/index.js
/root/node_modules/moduloB.js
/root/node_modules/moduloB/package.json(se especifica uma
propriedade "main")
/root/node_modules/moduloB/index.js
```

```
/node_modules/moduloB.js
/node_modules/moduloB/package.json(se especifica uma
propriedade "main")
/node_modules/moduloB/index.js
```

O TypeScript imitará a estratégia de resolução durante a execução do Node.js a fim de localizar os arquivos de definição para os módulos na compilação. Para conseguir isso, o TypeScript sobrepõe as extensões de arquivo **.ts, .tsx** e **.d.ts** como a lógica de resolução do Node. O TypeScript também usará um campo chamado **"typings"** no arquivo **package.json** para espelhar o propósito de **"main"**; o compilador irá usá-lo para encontrar o arquivo **"main"** de definição para fazer a consulta.

Por exemplo, uma declaração de importação como **import { b } from "./moduloB"** no arquivo **/root/src/moduloA.ts** resultaria na tentativa de busca nos seguintes locais para a localização de **"./moduloB"**:

```
/root/src/moduloB.ts
/root/src/moduloB.tsx
/root/src/moduloB.d.ts
/root/src/moduloB/package.json(se especifica uma propriedade
"typings")
/root/src/moduloB/index.ts
/root/src/moduloB/index.tsx
/root/src/moduloB/index.d.ts
```

Lembre-se que o Node.js olhou para um arquivo chamado **moduloB.js,** em seguida, uma configuração **package.json**, depois, um **index.js.**

Da mesma forma, uma importação não relativa seguirá a lógica de resolução do Node.js, primeiro à procura de um arquivo, em seguida, olhando um arquivo de configuração. Então, **import { b } from "moduloB"** no arquivo **/src/moduloA.ts** resultaria nas seguintes pesquisas:

```
/root/src/node_modules/moduloB.ts
/root/src/node_modules/moduloB.tsx
/root/src/node_modules/moduloB.d.ts
/root/src/node_modules/moduloB/package.json(se especifica uma
propriedade "typings")
/root/src/node_modules/moduloB/index.ts
/root/src/node_modules/moduloB/index.tsx
/root/src/node_modules/moduloB/index.d.ts
/root/node_modules/moduloB.ts
/root/node_modules/moduloB.tsx
/root/node_modules/moduloB.d.ts
/root/node_modules/moduloB/package.json(se especifica uma
propriedade "typings")
/root/node_modules/moduloB/index.ts
/root/node_modules/moduloB/index.tsx
/root/node_modules/moduloB/index.d.ts
/node_modules/moduloB.ts
/node_modules/moduloB.tsx
/node_modules/moduloB.d.ts
/node_modules/moduloB/package.json(se especifica uma
propriedade "typings")
/node_modules/moduloB/index.ts
/node_modules/moduloB/index.tsx
/node_modules/moduloB/index.d.ts
```

Não se deixe intimidar pelo número de passos, esta não é a parte mais complexa daquilo que o Node.js está fazendo.

19.2.3 Utilização de noResolve

Normalmente, o compilador tentará resolver todas as importações do módulo antes de iniciar o processo de compilação. Toda vez que ele resolve com sucesso um **import** de um arquivo, o arquivo é adicionado ao conjunto de arquivos que o compilador processará mais tarde.

A opção **--noResolve** instrui o compilador para não adicionar todos os arquivos à compilação, que não foram passados na linha de comando. Ele ainda tentará resolver o módulo de cada arquivo, mas se o arquivo não for especificado, não será incluído.

Por exemplo:

- *app.js*

```
import * as A from "moduloA";
import * as B from "moduloB";
// será gerado pela linha de comando
//tsc app.ts moduleA.ts --noResolve
```

Compilar **app.ts** usando **--noResolve** deve resultar em:

- encontrar corretamente o **moduloA**, uma vez que foi passado na linha de comando;

- erro por não encontrar **moduloB**.

Revisando o que vimos:

O arquivo **tsconfig**.*json* vira uma pasta de um projeto. Sem especificar qualquer **exclude** ou entrada de arquivos, todos os arquivos na pasta que contém o arquivo **tsconfig.json** e todas as suas subpastas são incluídos em sua compilação. Se você quiser excluir alguns dos arquivos, deverá usar **exclude** e se preferir especificar todos os arquivos, em vez de deixar o compilador procurá-los, use uma lista de arquivos.

Se isso não incorporar a resolução automática do módulo, tal como analisado acima, e se o compilador identificar um arquivo como um alvo de um módulo de importação, ele será incluído na compilação, independentemente de ter sido excluído nas etapas anteriores.

Capítulo 20

Declarações de fusão

Alguns dos conceitos exclusivos do TypeScript descrevem a forma como um objeto JavaScript está no nível do tipo para o TypeScript, em especial o conceito de fusão da declaração. Entender esse conceito lhe dará uma vantagem ao trabalhar com o JavaScript já existente. Ele também abre uma porta para os conceitos de abstrações mais avançados.

As declarações de fusão significam que o compilador mescla duas declarações separadas, declaradas com o mesmo nome em uma única definição. Essa definição, resultante da fusão, tem as características de ambas as declarações originais. Quaisquer números de declarações podem ser incorporados, isto não está limitado a apenas duas declarações.

20.1 Conceitos básicos

No TypeScript, uma declaração cria entidades de, pelo menos, um dos três grupos: namespace, tipo ou valor. As declarações de criação do namespace criam um espaço para o nome, contendo os nomes que são acessados com uma notação de ponto. As declarações de criação do tipo fazem exatamente isso: criam um tipo que é visível com a forma declarada e estão vinculadas ao nome dado. Por último, as declarações de valor criam valores que são visíveis na saída JavaScript.

- Namespace: cria namespace e valor;
- Classe: cria tipo e valor;
- Enum: cria tipo e valor;
- Interface: cria somente tipo;
- Alias: cria somente tipo;
- Funções: cria somente valor.

20.2 Mesclando interfaces

O mais simples, e talvez o mais comum, é o tipo de fusão da declaração de interface. No nível mais básico, a fusão une todos os membros de todas as declarações em uma única interface com o mesmo nome.

```
interface Cubo {
    comprimento: number;
    largura: number;
}

interface Cubo {
    altura: number;
}

let cubo: Cubo = { comprimento: 5, largura: 5, altura: 5 };
```

Os membros não funcionais das interfaces devem ser exclusivos. O compilador emitirá um erro se as interfaces declararem membros não funcionais com o mesmo nome.

Para os membros da função, cada membro de uma função com o mesmo nome é tratado como descrevendo uma sobrecarga da mesma função. Note que na fusão da interface há uma prioridade ascendente, ou seja, a última terá maior prioridade que a primeira.

```
interface Clone {
    clone(animal: Animal): Animal;
}

interface Clone {
    clone(animal: Papagaio): Papagaio;
}
```

```
interface Clone {
    clone(animal: Cachorro): Cachorro;
    clone(animal: Periquito): Periquito;
}
```

As três interfaces se fundirão para criar uma única declaração assim:

```
interface Clone {
    clone(animal: Cachorro): Cachorro;
    clone(animal: Periquito): Periquito;
    clone(animal: Papagaio): Papagaio;
    clone(animal: Animal): Animal;
}
```

Observe que os elementos de cada grupo mantêm a mesma ordem, mas os próprios grupos são mesclados como conjuntos de sobrecarga posteriores.

Uma exceção a essa regra são as assinaturas especializadas. Se uma assinatura tiver um parâmetro cujo tipo é único, ele irá para o topo de sua lista de sobrecarga. Por exemplo:

```
interface Document {
    createElement(tagName: any): Element;
}
interface Document {
    createElement(tagName: "div"): HTMLDivElement;
    createElement(tagName: "span"): HTMLSpanElement;
}
interface Document {
    createElement(tagName: string): HTMLElement;
    createElement(tagName: "canvas"): HTMLCanvasElement;
}
```

A declaração mesclada resultante será a seguinte:

```
interface Document {
    createElement(tagName: "canvas"): HTMLCanvasElement;
    createElement(tagName: "div"): HTMLDivElement;
    createElement(tagName: "span"): HTMLSpanElement;
    createElement(tagName: string): HTMLElement;
    createElement(tagName: any): Element;
}
```

Note que os tipos genéricos **string** e **any** ficaram por último, pois não são declarações especializadas.

20.3 Mesclando namespaces

Da mesma forma como as interfaces, os namespaces com o mesmo nome também mesclam seus membros. Criam tanto um espaço para os nomes como para os valores, assim, precisamos compreender como ambos se fundem.

Para mesclar os namespaces, as definições de tipo das interfaces de exportação declaradas em cada **namespace** são fundidas, formando um único **namespace** com definições dentro das interfaces incorporadas.

Para mesclar o valor do **namespace**, em cada local de declaração, se um namespace já existir com o nome dado, será mantido o **namespace** existente e adicionados os membros exportados do segundo namespace para o primeiro.

```
namespace Arvore {
    export class Carvalho { }
}

namespace Arvore {
    export interface altura { altura: number; }
    export class Eucalipto { }
}
```

O resultado da fusão será:

```
namespace Arvore {
    export interface Altura { altura: number; }
    export class Carvalho { }
    export class Eucalipto { }
}
```

Este modelo de fusão de **namespace** é útil como um ponto de partida, mas também precisamos entender o que acontece com os membros não exportados. Os membros não exportados só são visíveis nos namespaces originais, não resultantes da fusão. Isto significa que após a fusão, os membros que vierem de outras declarações não poderão ver os membros não exportados e mesclados. Por exemplo:

```
namespace Legumes {
    let saoRaizes = true;

    export function legumesQueSaoRaizes() {
        return saoRaizes;
    }
}
```

O resultado emitirá um erro:

```
namespace Legumes {
    export function tipoLegumes() {
        return saoRaizes;// gera um erro, pois saoRaizes não
é visível na fusão
    }
}
```

Como **saoRaizes** não é exportado, apenas a função **legumesQueSaoRaizes**, que compartilha o mesmo namespace pode ver **saoRaizes**. A função **tipoLegumes**, mesmo que faça parte do namespace mesclado, não poderá ver este membro, ou seja, você deve exportá-lo explicitamente como veremos adiante.

20.4 Mesclando namespaces com classes, funções e enumerações

Os namespaces são flexíveis o suficiente para também se mesclarem com outros tipos de declarações. Para isso, a declaração **namespace** deve seguir a declaração de com quem irá fundir-se. A declaração resultante terá as propriedades de ambos os tipos de declaração. O TypeScript usa essa capacidade para modelar alguns dos padrões no JavaScript, bem como outras linguagens de programação.

20.5 Mesclando namespaces com classes

Isto dá ao usuário uma maneira de descrever as classes internas.

```
class Album {
    label: Album.AlbumLabel;
}
namespace Album {
    export class AlbumLabel { }
}
```

As regras de visibilidade para os membros mesclados são as mesmas descritas em **namespace**, por isso, temos que exportar a classe **AlbumLabel** para que a classe mesclada possa vê-la. O resultado final é uma classe gerenciada dentro de outra classe. Você também pode usar os namespaces para adicionar mais membros estáticos a uma classe existente.

Além do padrão de classes internas, você também pode estar familiarizado com a prática, no JavaScript, de criar uma função, em seguida, estendê-la acrescentando propriedades a ela. O TypeScript usa a declaração de fusão para construir definições como esta de uma maneira a assegurar o tipo.

```
class Editora {
```

```
    label: Editora.EditoraLabel;
}
namespace Editora {
    export class EditoraLabel { }
}

function novoLabel(nome: string): string {
    return novoLabel.prefixo + nome + novoLabel.sufixo;
}

namespace novoLabel {
// tem que ser exportado explicitamente
    export let sufixo = "";
    export let prefixo = "Novatec, ";
}

// imprime: Novatec, Marcelo Costa
console.log(novoLabel("Marcelo Costa"));
```

Da mesma forma, os namespaces podem ser usados para estender enums com membros estáticos:

```
enum Cor {
    vermelho = 1,
    verde = 2,
    azul = 4
}

namespace Cor {
    export function misturaCores(nomeCor: string) {
        if (nomeCor == "amarelo") {
            return Cor.vermelho + Cor.verde;
        }
        else if (nomeCor == "branco") {
```

```
            return Cor.vermelho + Cor.verde + Cor.azul;
        }
        else if (nomeCor == "magenta") {
            return Cor.vermelho + Cor.azul;
        }
        else if (nomeCor == "ciano") {
            return Cor.verde + Cor.azul;
        }
    }
}
```

20.6 Mescla não permitida

Nem todas as fusões são permitidas no TypeScript. Atualmente, as classes não podem fundir-se com outras classes ou variáveis.

20.7 Módulos de argumentação

Embora os módulos JavaScript não suportem a fusão, você pode corrigir os objetos existentes com a importação, em seguida, atualizá-los. Por exemplo:

- *observable.js*

```
// observable.js
export class Observable<T> {
    // ... implementação qualquer ...
}
```

- *map.js*

```
// map.js
import { Observable } from "./observable";
Observable.prototype.map = function (f) {
    // ... outra implementação
}
```

Funciona, mas o compilador não sabe sobre **Observable.prototype.map.** Você pode usar o módulo para informar ao compilador sobre isso:

- *observable.js*

```
// observable.js
export class Observable<T> {
    // ... implementação qualquer ...
}
```

- *map.js*

```
// map.js
import { Observable } from "./observable";
declare module "./observable" {
    interface Observable<T> {
        map<U>(f: (x: T) => U): Observable<U>;
    }
}
Observable.prototype.map = function (f) {
    // ... outra implementação
}
```

- *teste.js*

```
// teste.ts
import { Observable } from "./observable";
import "./map"; // agora declara um módulo para observable
let o: Observable<number>; // agora é visível
o.map(x => x.toFixed());
```

O nome do módulo foi resolvido da mesma maneira como os especificadores de módulos em **import** ou **export**. As declarações são mescladas como se fossem declaradas no mesmo arquivo do original, no entanto, você não pode fazer novas declarações de nível superior, apenas correções nas declarações já existentes.

20.8 Extensões globais

Você também pode adicionar declarações ao escopo global de dentro de um módulo:

- *observable.js*

```
// observable.ts
export class Observable<T> {
    // ... implementacao ...
}

declare global {
    interface Array<T> {
        toObservable(): Observable<T>;
    }
}

Array.prototype.toObservable = function () {
    // ...
}
```

As extensões globais têm o mesmo comportamento e limites dos módulos.

Capítulo 21

Arquivos de declaração

Ao usar uma biblioteca JavaScript externa ou uma nova API, você precisará usar um arquivo de declaração *.d.ts* para descrever a forma dessa biblioteca. Este livro aborda alguns conceitos específicos de alto nível para escrever arquivos de declaração e prossegue com uma série de exemplos que mostram como aplicar vários conceitos em suas descrições de arquivos e declarações de correspondência.

21.1 Diretrizes e especificação

21.1.1 Fluxo de trabalho

A melhor maneira de escrever um arquivo *.d.ts* é começar a partir da documentação da biblioteca. Trabalhar a partir da documentação garante clareza na implementação e é geralmente muito mais fácil do que ler o código JavaScript.

21.1.2 Namespace

Ao definir as interfaces, você tem uma escolha entre colocar estes tipos dentro de um namespace ou não. Esta é uma tomada de decisão do programador e se ele tem o hábito de declarar as variáveis do tipo, o tipo pode ser nomeado sem risco de colisão com outros tipos. Assim, é melhor colocá-los no namespace global. Se o tipo não é susceptível de ser referenciado diretamente ou não pode ser nomeado com um nome razoavelmente único, usar um namespace evita que ele colida com os outros tipos.

21.1.3 Callbacks

Muitas bibliotecas JavaScript assumem uma função como um parâmetro, argumento, em seguida, essa função é chamada mais tarde com um conjunto conhecido de argumentos.

A função de retorno, ou simplesmente callback, é uma função usada como retorno e normalmente é passada como o argumento de outra função, chamada quando um evento está acontecendo ou quando uma parte do código recebe uma resposta de uma chamada esperada de uma função que ainda está em execução.

A função callback é comumente assíncrona na medida em que é chamada como consequência de outro código que está sendo executado em background. A grande vantagem é que, assim, o computador pode ir processando o restante do código enquanto aguarda a resposta da função.

Ao escrever as assinaturas dessas funções para esses tipos, não devemos marcar os parâmetros como opcionais. A maneira correta de pensar nisso é quais parâmetros são fornecidos e quais serão consumidos.

21.1.4 Extensibilidade e declaração mesclando

Ao escrever os arquivos de declaração, é importante lembrar as regras do TypeScript para estender os objetos existentes. Você pode ter que escolher declarar uma variável usando um tipo anônimo ou um tipo de interface:

```
 Tipo anônimo:
declare var MeuGrafico: { x: number; y: number; };
 Tipado por interface:
interface Tela { x: number; y: number; }
declare var MeuGrafico: Tela;
```

De um lado, os consumos destas declarações são idênticos, mas o tipo pode ser estendido através da fusão da interface:

```
interface Tela { z: number; }
MeuGrafico.z = 4;
```

Se você deseja ou não que suas declarações sejam extensíveis desta forma é uma questão de julgamento, o mais importante é representar a intenção da biblioteca.

21.1.5 Classe de decomposição

As classes no TypeScript criam dois tipos distintos: o tipo de instância, que define o que os membros de uma instância de uma classe têm, e o tipo de função do construtor, que define quais membros o construtor da classe tem. O tipo de função do construtor também é conhecido como tipo do lado estático porque inclui os membros estáticos da classe.

Embora você possa fazer referência ao lado estático de uma classe usando a palavra-chave **typeof**, às vezes, é útil ou necessário escrever arquivos de declaração para usar uma classe que separa explicitamente a instância e os tipos estáticos da classe.

As duas declarações a seguir são praticamente equivalentes do ponto de vista do consumo:

```
 Classe padrão:
class A {
    static st: string;
    inst: number;
    constructor(m: any) {}
}

Classe decomposta:
interface A_Static {
    new(m: any): A_Instance;
    st: string;
}
interface A_Instance {
    inst: number;
}
declare var A: A_Static;
```

Apesar de serem equivalentes para o consumo, devemos ter em mente quando desenvolvemos o nosso código:

- a classe padrão pode ser herdada usando a palavra-chave **extends** e a classe de decomposição não pode;
- é possível adicionar membros mais tarde, por fusão de declaração, ao lado de ambas as classes, padrão estático e decomposto;
- é possível adicionar membros de instância às classes decompostas, mas não à classe padrão;
- você precisará dar nomes sensatos para adicionar mais tipos ao escrever uma classe decomposta.

21.2 Convenções de nomenclatura

Em geral, você não deve prefixar as interfaces com o prefixo **I**, como **Inomedaclasse.** Isso porque o conceito de uma interface no TypeScript é muito mais amplo do que nas outras linguagens de programação. A convenção de nomenclatura **Inomedaclasse** não é de grande utilidade. Devemos pensar primeiramente em termos de clareza no uso do código e nomear como **Inomedaclasse** só faz sentido quando essa é a única funcionalidade da interface.

21.2.1 Pensando nos objetos

Devemos pensar principalmente no uso e na geração do código.

A geração de objetos é comumente interpretada como uma fábrica de objetos — um serviço ou um gerador de objetos é comumente denominado de *factory*.

```
// Pensando em como gerar o código
namespace animaisFactory {
    interface AnimalOpcoes {
```

```
        nome: string;
        peso?: number;
        altura?: number;
    }
    function gerar(nome: string, AnimalOpcoes?:
AnimalOpcoes): Animal;
}

// Pensando em como usar o código
animaisFactory.gerar("Periquito");
animaisFactory.gerar("Cachorro", { nome: "Bob" });
animaisFactory.gerar("Papagaio", { nome: "Alfredo", peso:
400 });
// Emite um erro, pois o nome é obrigatório
animaisFactory.gerar("Gato", { peso: 800 });
```

21.2.2 Funções com propriedades

```
// Geração do código
// A função precede o namespace
function consulta(grade: consutorioGrade);
namespace consulta {
    var periodoDia: string;
}

// Opções de uso do código
consulta.periodoDia = "tarde";
consulta(gradeMedico);
```

21.2.3 Métodos new que podem ser chamados

```
// Como gerar o código no TypeScript
interface Ferramenta {
    ferro(): void;
```

```
}

interface FerramentasFactory {
    new(nome: string): Ferramenta;
    (largura: number, altura: number): Ferramenta;
}

declare var ferramental: FerramentasFactory;

// Utilização do código
var x = ferramental(32, 16);
var y = new ferramental("ferro");
// x e y são ferramentas
x.ferro();
y.ferro();
```

21.2.4 Bibliotecas globais, externas e agnósticas

```
declare namespace musica {
  function ouvir(): void;
}

declare module "musica" {
    export = musica;
}

import sucesso = require("musica");
sucesso.ouvir();
// ou alternativamente
musica.ouvir();
```

Chamamos de agnóstica porque criamos uma mágica com a nomenclatura ao importar com o nome **sucesso** que nos possibilitou tanto chamarmos pelo nome original **musica** como pelo nome **sucesso** atribuído na importação.

21.2.5 Objeto complexo individual em módulos

- *cachorro.interface.ts*

```
interface cachorro {
    (raca: string): cachorro;
    new (raca: string): cachorro;

    raca: string;
    late(): void
}

declare var cachorro: cachorro;

export = cachorro;
```

- *cachorro.ts*

```
// Importação da biblioteca encadeável
import cachorro = require("./cachorro.interface");

// Chamada direta
cachorro("Fila").late();

// Criando objeto com new
var bob = new cachorro("SRD");

// Adicionando propriedades diretamente
bob.raca = "Vira-lata";
```

21.2.6 Funções como um módulo

Um padrão comum para os módulos é importar entidades que são funções que podem ser chamadas.

- *funcionario-publico.ts*

```
declare module "funcionario-publico" {
    function nomeFuncionario(nome: string): void;
    export = nomeFuncionario;
}
```

- *funcionario.ts*

```
import nomeFuncionario = require("funcionario-publico");
let nome = nomeFuncionario("Alfredo");
```

21.2.7 Callbacks

```
function aguardaSoma(x: number, y: number, (soma: number) =>
void): void;

aguardaSoma(3, 4, soma => console.log("x = " + x));
```

Capítulo 22

JSX

JSX é uma extensão de sintaxe do JavaScript semelhante ao XML. Você pode usar uma sintaxe simples JSX e transformar em JavaScript.

A vantagem de usar JSX é porque tem uma sintaxe concisa e familiar para a definição das estruturas na árvore de atributos. O XML tem a vantagem estrutural e equilibrada de abertura e fechamento de tags dos objetos. Isso ajuda a tornar as grandes árvores de código mais fáceis de ler do que as chamadas de funções ou as literais de objeto.

Não altera a semântica do JavaScript.

JSX é uma sintaxe *XML-like* embutida no JavaScript. Tem o objetivo de se tornar um JavaScript válido, embora a semântica seja específica da implementação. O JSX ficou popular com a biblioteca React, *https://facebook.github.io/react/index.html.* Suporta a incorporação do TypeScript, a verificação de tipo e compila o JSX diretamente no JavaScript.

Para utilizar o JSX, você deve fazer duas coisas.

- Nomear seus arquivos com uma extensão *.tsx*;
- Ativar a opção **jsx**.

O TypeScript possui dois modos com suporte a JSX: *modo preserve* e *modo React*. Esses modos só afetam o JavaScript resultante, pois a verificação de tipo não é afetada. O *modo preserve* manterá o JSX como parte da saída a ser consumida por outra etapa de transformação, para transformar em JavaScript puro. Além disso, a saída terá uma extensão *.jsx*. O *modo React* chamará **React.createElement** e não precisa passar por uma transformação JSX antes do uso — a saída será uma extensão *.js*.

Você pode especificar o modo utilizando a flag **--jsx** na linha de comando ou a opção correspondente em seu arquivo *tsconfig.json*.

22.1 Operador as

Podemos escrever a afirmação:

```
var algumacoisa=<algumacoisa>qualquer;
```

Aqui, estamos afirmando que a variável **qualquer** tem o tipo **algumacoisa**. O TypeScript também usa colchetes para as afirmações do tipo e a sintaxe do JSX apresenta certas dificuldades de análise para tanto. Por isso, o TypeScript não permite afirmações do tipo colchete como o Angular nos arquivos *.tsx*.

Para compensar essa perda de funcionalidade dos arquivos *.tsx*, foi adicionado um novo operador do tipo de afirmação: **as**. O exemplo acima pode ser facilmente reescrito com o operador **as**.

```
var algumacoisa = qualquer as algumacoisa;
```

O operador **as** está disponível nos arquivos *.ts* e *.tsx*, e é um comportamento idêntico ao estilo do tipo de declaração.

22.2 Verificação do tipo

A fim de compreender a verificação do tipo com o JSX, primeiro você deve entender a diferença entre elementos intrínsecos e elementos baseados em valores. Dada uma expressão JSX **<expr />**, **expr**, ela pode tanto se referir a algo intrínseco ao meio ambiente, por exemplo, uma div ou um span em um ambiente DOM, quanto a um componente personalizado que você criou. Isto é importante por duas razões:

1. Para o React, os elementos intrínsecos são emitidos como strings, **React.createElement("div")**, enquanto que um componente que você criou não.

Exemplo: **React.createElement(MyComponent)**.

2. Os tipos de atributos passados no elemento JSX devem ser vistos de forma diferente. Os atributos dos elementos intrínsecos devem ser conhecidos intrinsecamente, enquanto os componentes necessitam especificar seu próprio conjunto de atributos.

O TypeScript usa a mesma convenção do React para distinguir entre eles. Um elemento intrínseco sempre começa com uma letra minúscula e um elemento de valor-base sempre começa com uma letra maiúscula.

22.2.1 Elementos intrínsecos

Os elementos intrínsecos são procurados na interface especial **JSX.IntrinsicElements**. Por padrão, se essa interface não for especificada, então, valerá tudo e os elementos intrínsecos não terão seu tipo verificado. No entanto, se a interface estiver presente, então, o nome do elemento intrínseco será procurado como uma propriedade na interface **JSX.IntrinsicElements**. Por exemplo:

```
declare namespace JSX {
    interface IntrinsicElements {
        teste: any
    }
}

<teste />; // funciona
<outracoisa />; // Emite um erro
```

No exemplo anterior, **<teste />** funcionará bem, mas **<outracoisa />** resultará em um erro, uma vez que não foi especificado em **JSX.IntrinsicElements**.

Você também pode especificar uma string indexadora em **catch-all** na **JSX.IntrinsicElements** da seguinte forma:

```
ts declare namespace JSX { interface IntrinsicElements {
[elemName: string]: any; } }
```

22.2.2 Elementos baseados em valores

Os elementos baseados em valores são simplesmente uma verificação dos identificadores que estão no escopo.

```
import MeuComponente from "./meu-componente";
<MeuComponente/>; // funciona
<MeuOutroComponente/>;// emite erro
```

É possível limitar o tipo de um elemento pelo valor. No entanto, para isso, devemos introduzir dois novos termos: o tipo de classe do elemento e o tipo de elemento da instância.

Dado **<Expr />**, o tipo de classe do elemento é **Expr**. Assim, se **MeuComponente** fosse uma classe ES6, o tipo de classe seria essa classe. Se **MeuComponente** fosse uma função, o tipo de classe seria essa função.

Uma vez que o tipo de classe é estabelecido, o tipo de instância é determinado pela união dos tipos de retorno das assinaturas de chamadas do tipo da classe e das assinaturas. Em uma classe ES6, o tipo de exemplo seria o tipo de uma instância da classe e no caso de uma função de fábrica, isso seria o tipo de valor retornado da função.

meu-componente.factory.ts

```
class MeuComponente {
  render() {}
}

// assinatura do construtor
var meuComponente = new MeuComponente();
```

```
function MinhaFuncaoFactory() {
  return {
    render: () => {
    }
  }
}

// chamada pela assinatura
var meuComponente = MinhaFuncaoFactory();
```

O tipo de elemento do exemplo é interessante porque ele deve ser atribuído a **JSX.ElementClass** ou resultará em um erro. Por padrão, **JSX.ElementClass** é {}, mas pode ser aumentado para limitar a utilização do JSX a apenas os tipos que estejam em conformidade com a interface adequada.

meu-componente-jsx.ts

```
declare namespace JSX JSX {
  interface ElementClass {
    render: any;
  }
}

class MeuComponenteJsx {
  render() {}
}
function MinhaFuncaoFabricaJsx() {
  return { render: () => {} }
}

<MeuComponenteJsx />; // funciona
<MinhaFuncaoFabricaJsx />; // funciona

class ComponenteInvalido {}
```

```
function ComponenteInvalidoFactory() {
  return {};
}

<ComponenteInvalido />; // resulta em erro
<ComponenteInvalidoFactory />; // resulta em erro
```

22.2.3 Atributo de verificação do tipo

O primeiro passo para os atributos de verificação do tipo é determinar os atributos de tipo do elemento. Isto é ligeiramente diferente entre os elementos intrínsecos e os baseados em valores.

Para elementos intrínsecos, que é o tipo da propriedade em **JSX.IntrinsicElements**

verificacao-tipo-jsx.ts

```
declare namespace JSX {
  interface IntrinsicElements {
    umtipo: { outrotipo?: boolean }
  }
}

// o tipo do elemento umtipo pode ser outrotipo
<umtipo outrotipo />;
```

Para os elementos baseados em valores, é um pouco mais complexo. É determinado pelo tipo de uma propriedade no tipo do elemento que foi previamente determinado. Qual propriedade se deve usar é determinado por **JSX.ElementAttributesProperty**. Isso deve ser declarado com uma propriedade única. O nome dessa propriedade é, então, utilizado.

propriedade-tipo-valores-jsx-ts

```
declare namespace JSX {
  interface ElementAttributesProperty {
```

```
    props; // Especifica o nome da propriedade
  }
}

class MeuComponenteBaseadoValores {
  // Especifica a propriedade da instância
  props: {
    umtipovalor?: string;
  }
}

// O tipo de atributo do elemento é umtipovalor que é um
subtipo de string
<MeuComponenteBaseadoValores umtipovalor="umValorQualquer"
/>
```

O tipo do elemento de atributo é usado para verificar os atributos no JSX. As propriedades opcionais e obrigatórias são suportadas.

```
declare namespace JSX {
  interface IntrinsicElements {
    propriedade: { propRequerida: string; propOpcional?:
number }
  }
}

<propriedade propRequerida="outraprop" />; // funciona
<propriedade propRequerida="outraprop" propOpcional={0} />;
// funciona
<propriedade />; // exibe erro por nao ter propriedade
requerida
<propriedade propRequerida={0} />; // exibe erro, exige
string
<propriedade propRequerida="outraprop" propDesconhecida />;
```

```
// exibe erro por ter propriedade desconhecida
<propriedade propRequerida="outraprop" outra-prop-
desconhecida />; // nao tem um identificador válido, funciona
```

Nota: Se um nome de atributo não for um identificador JS válido, como um atributo **data-***, não será considerado um erro se não for encontrado no elemento dos tipos de atributos.

O operador de propagação também funciona, **var props = { propRequerida: "algumacoisa" }**;.

```
<foo {...props} />; // funciona

var badProps = {};
<foo {...badProps} />; // exibe erro:
```

22.3 Tipo de resultado do JSX

Por padrão, o resultado de uma expressão JSX é do tipo **any**. Você pode personalizar o tipo especificando na interface **JSX.Element**. No entanto, não é possível obter as informações sobre o tipo do elemento, os atributos ou os filhos do JSX a partir dessa interface. É uma caixa preta.

22.4 Embutir (embedding) expressões

O JSX permite embutir, *embedding*, as expressões entre as tags cercando as expressões com chaves, { }.

```
var a = <div>
  {["um", "dois"].map(i => <span>{i / 2}</span>)}
</div>
```

O código anterior resultará em um erro desde que você não possa dividir uma string em um número. A saída é usar a opção preserve no arquivo *tsconfig.json*:

```
Arquivo tsconfig.json:
{
    "compilerOptions": {
        "module": "es2015",
        "allowJs": true,
        "target": "es2015",
        "jsx": "preserve"
    }
}
```

A expressão com o mode preserve deve ser escrita como:

```
var a = <div>
  {["um", "dois"].map(function (i) { return <span>{i / 2}</
span>; })}
</div>
```

22.5 Integração do React

Para usar o JSX com o React, você deve usar as *tipagens React.* Essas tipagens definem o namespace do JSX de forma adequada para usar com o React.

```
/// <reference path="react.d.ts" />

interface Props {
  foo: string;
}

class ComponenteReact extends React.Component<Props, {}> {
  render() {
    return <span>{this.props.foo}</span>
```

```
  }
}


<ComponenteReact foo="bar" />; // funciona
<ComponenteReact foo={0} />; // exibe erro, tem que ser
string
```

Capítulo 23

Decoradores

Existem determinadas situações que requerem recursos adicionais para suportar tipagens ou modificar as classes e os membros da classe. Os decoradores fornecem uma maneira de adicionar as duas anotações em uma sintaxe para as declarações de classe e membros. Os decoradores são uma proposta para o JavaScript e estão disponíveis como um recurso experimental do TypeScript – são recursos experimentais que podem sofrer alterações nas versões futuras.

Para ativar o suporte para os decoradores, é necessário ativar a opção **experimentalDecorators** do compilador na linha de comando ou em seu *tsconfig.json*:

Linha de comando:

tsc --target ES5 –experimentalDecorators

```
Irá gerar em seu tsconfig.json:
tsconfig.json:
{
    "compilerOptions": {
        "target": "es5",
        "experimentalDecorators": true
    }
}
```

23.1 Decoradores

Um decorador é um tipo especial de declaração que pode ser anexado a uma declaração de classe, método, acessor, propriedade ou parâmetro. Os decoradores usam *@expressao*, onde a *expressao* deve ser avaliada como uma função que será chamada durante a execução com informações sobre o decorador.

Por exemplo, dado o decorador **@decorador-generico**, podemos escrever a função **decorador-generico** da seguinte forma:

```
function decoradorGenerico(alvo) {
    // funcionalidade que recebe o alvo
}
```

23.2 Fábrica de decoradores

Se quizermos personalizar um decorador, aplicamos uma declaração ou podemos escrever uma fábrica de decoradores — é simplesmente uma função que retorna a expressão que será chamada pelo decorador durante a execução.

Podemos escrever uma fábrica de decoradores da seguinte maneira:

- *cores.factory.ts*

```
function cores(valor: string) { // fábrica de decoradores
    return function (alvo) { // este é um dos decoradores
        // a função que implementa uma funcionalidade usando
        // valor e alvo
    }
}
```

23.3 Composição de decoradores

Vários decoradores podem ser aplicados a uma declaração.

Em uma única linha:

```
@decorador1 @decorador2 resultante
```

Em várias linhas:

```
@decorador1
@decorador2
resultante
```

Neste modelo, ao compor as funções **decorador1** e **decorador2**, o composto resultante, **(decorador1 decorador2)**

(resultante) é equivalente a **decorador1 (decorador2 (resultante)**.

As seguintes etapas são executadas ao avaliar vários decoradores em uma única declaração no TypeScript:

- as expressões para cada decorador são avaliadas de cima para baixo;
- os resultados são, então, chamados como funções de baixo para cima.

Se usarmos a fábrica de decoradores, poderemos observar essa ordem de avaliação com o seguinte exemplo:

- *decoradores.factory.ts*

```
function f() {
    console.log("f(): avaliado");
    return function (alvo: Object, propriedade: string,
descritor: PropertyDescriptor) {
        // PropertyDescriptor é uma interface nativa do
TypeScript
        console.log("f(): chamado");
    }
}


function g() {
    console.log("g(): avaliado");
    return function (alvo: Object, propriedade: string,
descritor: PropertyDescriptor) {
```

```
        // PropertyDescriptor é uma interface nativa do
TypeScript
        console.log("g(): chamado");
    }
}

class C {
    @f()
    @g()
    method() {}
}
```

que imprimiria essa saída no console:

f(): avaliado
g(): avaliado
g(): chamado
f(): chamado

23.4 Avaliação dos decoradores

Há uma ordem bem definida de como os decoradores são aplicados em uma classe:

- parâmetros dos decoradores seguidos pelo método, acessor ou propriedade. Os decoradores são aplicados em cada membro da instância;

- parâmetros dos decoradores seguidos pelo método, acessor ou propriedade. Os decoradores são aplicados em cada membro estático;

- Os decoradores de parâmetros são aplicados no construtor;

- As classes de decoradores são aplicadas na classe.

23.5 Classe de decoradores

Um decorador de classe é declarado pouco antes de uma declaração de classe, é aplicado no construtor da classe e pode ser usado para observar, modificar ou substituir uma definição de classe. Um decorador de classe não pode ser usado em um arquivo de declaração ou em qualquer outro contexto ambiental.

A expressão para o decorador de classe será chamada como uma função durante a execução, com o construtor da classe decorado como seu único argumento.

Se o decorador da classe retornar um valor, substituirá a declaração da classe pela função do construtor fornecida.

NOTA: Caso você escolha retornar uma nova função do construtor, deverá tomar cuidado para manter o protótipo original. A lógica que se aplica aos decoradores durante a execução será não fazer isso.

O que se segue é um exemplo de decorador de classe **@decorador** aplicado à classe genérica:

- *decorador.ts*

```
function decorador(constructor: Function) {
    // seal é um objeto nativo TypeScript que define uma
propriedade selada
    Object.seal(constructor);
    Object.seal(constructor.prototype);
}
```

- *generica.class.ts*

```
@decorador
class Generica {
    algumaString: string;
    constructor(valorString: string) {
        this.algumaString = valorString;
```

```
        }
        imprime() {
            return "Imprime, " + this.algumaString;
        }
    }
```

Quando **@decorador** for executado, irá selar tanto o construtor como seu protótipo.

23.6 Métodos decoradores

Um método decorador é declarado pouco antes de uma declaração do método. O decorador é aplicado ao descritor de propriedade para o método e pode ser usado para observar, modificar ou substituir uma definição de um método. Um método decorador não pode ser usado em um arquivo de declaração, uma sobrecarga ou qualquer outro contexto ambiental.

A expressão para o método decorador será chamada como uma função durante a execução, com os três argumentos seguintes:

- Função do construtor da classe para um membro estático ou protótipo da classe para um membro de instância.
- O nome do membro;
- O descritor de propriedade para o membro.

> **NOTA:** O descritor de propriedade será indefinido, **undefined**, se seu alvo for inferior a ES5.

Se o método decorador retornar um valor, ele será utilizado como o descritor de propriedade para o método.

> **NOTA:** O valor de retorno será ignorado se seu alvo for inferior a ES5.

O que se segue é um exemplo de um decorador de método bastante usual no

TypeScript denominado *enumerable* para construir **enum**:

- *enumerador-generico.class.ts*

```
function enumerador(valor: boolean) {
    return function (alvo: any, propriedade: string,
descritor: PropertyDescriptor) {
        descritor.enumerable = valor;
    };
}
class ClasseEnumerador {
    umaString: string;
    constructor(parametro: string) {
        this.umaString = parametro;
    }

    @enumerador(false)
    metodo() {
        return "Imprime enumerador, " + this.umaString;
    }
}

let algumObjeto = new ClasseEnumerador('teste');
console.log(algumObjeto);
```

O decorador **@enumerador(false)** é uma fábrica de decoradores do tipo **enum**. Quando o decorador **@enumerador(false)** é chamado, ele modifica a propriedade *enumerable* do descritor da propriedade.

23.7 Decorador de acesso

Um decorador de acesso é declarado pouco antes de uma declaração de acesso. O decorador de acesso é aplicado ao descritor de propriedade para que o acesso possa ser usado para observar, modificar ou substituir as definições de um acesso. Um decorador de acesso não pode ser usado em um arquivo de declaração ou em qualquer outro contexto ambiental.

NOTA: O TypeScript não permite decorar os acessos **get** e **set** para um único membro. Em vez disso, todos os decoradores dos membros devem ser aplicados ao primeiro decorador de acesso especificado na ordem do documento. Isso ocorre porque os decoradores aplicam um descritor de propriedade que combina os decoradores de acesso **get** e **set**, e não cada declaração em separado.

A expressão para os decoradores de acesso será chamada como uma função durante a execução com três argumentos:

- a função do construtor da classe para um membro estático ou o protótipo da classe para um membro da instância;
- nome do membro;
- descritor de propriedade do membro.

Se o decorador de acesso retornar um valor, ele será utilizado como o descritor da propriedade para o membro.

O que se segue é um exemplo de um decorador de acesso **configuracao** aplicado a um membro da classe **Coordenadas**:

```
function configuracao(valor: boolean) {
    return function (alvo: any, propriedade: string,
descritor: PropertyDescriptor) {
        // Método nativo PropertyDescriptor.configurable
        descritor.configurable = valor;
    };
}

class Coordenadas {
    private _x: number;
```

```
        private _y: number;
        constructor(x: number, y: number) {
            this._x = x;
            this._y = y;
        }

        @configuracao(false)
        get x() { return this._x; }

        @configuracao(false)
        get y() { return this._y; }
    }

    let espaco = new Coordenadas(11,12);
    console.log(espaco);
```

23.8 Decoradores de propriedade

Um decorador de propriedade é declarado pouco antes de uma declaração de propriedade. Uma propriedade decoradora não pode ser usada em um arquivo de declaração ou em qualquer outro contexto ambiental.

A expressão para o decorador de propriedade será chamada como uma função durante a execução com os dois argumentos seguintes:

- a função do construtor da classe para um membro estático ou o protótipo da classe para um membro da instância;

- nome do membro.

NOTA: A propriedade do descritor não é fornecida como um argumento para um decorador de propriedade devido à forma como os decoradores de propriedade são inicializados no TypeScript. Isso ocorre porque não há atualmente nenhum mecanismo para descrever uma propriedade de ocorrência na definição dos membros de um protótipo e não há uma maneira de observar ou modificar o inicializador para uma propriedade. Uma propriedade decoradora só pode ser usada para observar se uma propriedade de um nome específico foi declarada para uma classe.

Se a propriedade decoradora retornar um valor, será utilizada como o descritor da propriedade para o membro.

- *propriedade.class.ts*

```
function Propriedade(
    alvo: Object, // Objeto protótipo da classe
    propriedade: string | symbol // Nome do tipo da
propriedade
    ) {
    console.log("Decorador de propriedade: ", alvo,
propriedade);
}

class ClassePropriedade {
    @Propriedade
    nome: string;
}
```

Nota: Se ocorrer um erro, altere seu arquivo **tsconfig.json** e seu alvo, **target**, para **es6**.

23.9 Decoradores de parâmetros

Um decorador de parâmetro é declarado pouco antes de uma declaração de parâmetro. O decorador de parâmetro é aplicado na função de um construtor de classe ou declaração de método. Um decorador de parâmetro não pode ser usado em um arquivo de declaração, uma sobrecarga ou em qualquer outro contexto ambiental.

A expressão para o decorador de parâmetro será chamada como uma função durante a execução com os três argumentos seguintes:

- a função do construtor da classe para um membro estático ou o protótipo da classe para um membro da instância;
- nome do membro;
- índice ordinal do parâmetro na lista de parâmetros da função.

> **NOTA:** Um decorador de parâmetro só pode ser usado para observar se um parâmetro foi declarado em um método.

O valor de retorno do decorador parâmetro é ignorado.

O TypeScript inclui um suporte experimental para emitir determinados tipos de metadados para as declarações que possuem decoradores. Para ativar esses recursos, instalaremos a biblioteca **reflect-metadata** a partir do comando:

npm install -g reflect-metadata

```
Um exemplo de decorador de parâmetro:
import "reflect-metadata";

const requeridoMeta = Symbol("required");

function requerido(alvo: Object, propriedade: string |
symbol, indiceParametro: number) {
    let existeParametroRequerido: number[] = Reflect.
getOwnMetadata(requeridoMeta, alvo, propriedade) || [];
    existeParametroRequerido.push(indiceParametro);
    Reflect.defineMetadata(requeridoMeta,
existeParametroRequerido, alvo, propriedade);
}
```

```
function valida(alvo: any, propriedade: string, descritor:
TypedPropertyDescriptor<Function>) {
    let metodo = descritor.value;
    descritor.value = function () {
        let parametroRequerido: number[] = Reflect.
getOwnMetadata(requeridoMeta, alvo, propriedade);
        if (parametroRequerido) {
            for (let indiceParametro of parametroRequerido)
{
                if (indiceParametro >= arguments.length ||
arguments[indiceParametro] === undefined) {
                    throw new Error("Passado parametro
incorreto.");
                }
            }
        }

        return metodo.apply(this, arguments);
    }
}
class Verifica {
    algumaString: string;

    constructor(parametroConstrutor: string) {
        this.algumaString = parametroConstrutor;
    }

    @valida
    teste(@requerido nome: string) {
        return "Este é um teste do parametro requerido => "
+ nome + ", " + this.algumaString;
    }
}
```

```
let testaDecorador = new Verifica("Parametro construtor");
console.log(testaDecorador);
console.log(testaDecorador.teste("teste parametro"));
console.log(testaDecorador.teste(123));// Produz um erro,
pois o parâmetro é declarado como string
console.log(testaDecorador.teste(true));// Produz um erro,
pois o parâmetro é declarado como string
```

23.10 Metadados

A biblioteca **reflect-metadata** adiciona uma API de metadados experimentais. Essa biblioteca ainda não faz parte do padrão ECMAScript. No entanto, uma vez que os decoradores são oficialmente suportados pelo padrão ECMAScript, essas extensões fazem parte da proposta ES7. Instalamos essa biblioteca anteriormente com o comando:

npm install -g reflect-metadata

O TypeScript inclui um suporte experimental para a emissão de determinados tipos de metadados para as declarações que têm decoradores. Para ativar esse suporte experimental, você pode definir a opção **emitDecoratorMetadata** em seu arquivo de configuração *tsconfig.json*:

```
{
    "compilerOptions": {
        "module": "commonjs",
        "target": "es6",
        "noImplicitAny": true,
        "sourceMap": true,
        "outDir": "scripts/",
        "experimentalDecorators": true,
        "emitDecoratorMetadata": true
    }
}
```

Quando ativado, desde que a biblioteca **reflect-metadata** seja importada, as informações do tipo adicionais estarão presentes durante a execução.

Você pode verificar se foi criada uma pasta *node_modules* em sua pasta de projeto — ela tem uma subpasta *reflect-metadata* contento a biblioteca que instalamos.

Capítulo 24

Mixins

Junto com as hierarquias de orientação a objetos tradicionais, outra maneira de construir as classes de componentes reutilizáveis é com uma combinação de classes parciais mais simples. Você pode estar familiarizado com a ideia de mixins ou traços para linguagens como Scala, e o padrão também atingiu alguma popularidade na comunidade JavaScript.

24.1 Criando um mixin

Iremos exemplificar como você pode modelar os mixins no TypeScript e observar como eles funcionam.

```
// Criando o mixin
class Opcional {
    ehOpcional: boolean;
    existe() {
        this.ehOpcional = true;
    }

}

// Ativando o mixin
class LigaDesliga {
    estaAtivo: boolean;
    liga() {
        this.estaAtivo = true;
    }
    desliga() {
        this.estaAtivo = false;
    }
```

```
}

class TestaObjetos implements Opcional, LigaDesliga {
    constructor() {
        setInterval(() => console.log(this.estaAtivo + " : "
+ this.ehOpcional), 500);
    }

    interact() {
        this.liga();
    }

    // Opcional
    ehOpcional: boolean = false;
    existe: () => void;
    // Liga Desliga
    estaAtivo: boolean = false;
    liga: () => void;
    desliga: () => void;
}
aplicaMixins(TestaObjetos, [Opcional, LigaDesliga]);

let objetoTeste = new TestaObjetos();
setTimeout(() => objetoTeste.interact(), 1000);


function aplicaMixins(parametroTeste: any, parametroBase:
any[]) {
    parametroBase.forEach(base => {
        Object.getOwnPropertyNames(base.prototype).
forEach(nome => {
            parametroTeste.prototype[nome] = base.
prototype[nome];
        });
```

```
        });
    }
```

24.2 Funcionamento do mixin

O código começa com as duas classes que atuarão como nossos mixins, as classes **Opcional** e **LigaDesliga**. Cada uma está focada em uma atividade ou capacidade particular e queremos fazê-las interagir criando uma classe que possui o recurso de ambas as classes.

```
class TestaObjetos implements Opcional, LigaDesliga {...}
```

A classe **TestaObjetos** lidará com a combinação dos dois mixins. Note que usamos **implements** ao invés de **extends** e, desta forma, tratamos essas classes como se fossem interfaces que usam os tipos de **Opcional** e **LigaDesliga** . Para que isso funcione, precisamos fornecer a implementação nas classes para podermos utilizar nossos mixins.

Para atender a este requisito, criamos propriedades que substituem os membros e os tipos que criamos em nossos mixins. Isso satisfaz o compilador e permite que os membros estejam disponíveis durante a execução. Assim, podemos obter o benefício dos mixins, embora com alguma sobrecarga.

Para podermos usar nossos mixins, criamos a implementação:

```
aplicaMixins(TestaObjetos, [Opcional, LigaDesliga]);
```

Temos que criar uma função auxiliar que fará a interação que precisamos, ou seja, irá percorrer as propriedades de cada um dos mixins e copiá-los para o alvo deles, preenchendo as propriedades com suas implementações:

```
function aplicaMixins(parametroTeste: any, parametroBase:
any[]) {
    parametroBase.forEach(base => {
```

```
        Object.getOwnPropertyNames(base.prototype).
forEach(nome => {
            parametroTeste.prototype[nome] = base.
prototype[nome];
        });
    });
}
```

Capítulo 25

Diretivas triplo-slash

Diretivas de barras triplas ou *triplo-slash*, são comentários de uma única linha contendo uma tag XML. Os conteúdos do comentário são usados como diretivas para o compilador.

São únicas e válidas no topo do arquivo que as contém. A diretiva *triple-slash* só pode ser precedida por comentários simples ou multilinha, incluindo outras diretivas. Se forem encontradas na sequência de uma declaração ou em um comentário de linha única, não terão nenhum significado especial.

A sintaxe da diretiva *triplo-slash* é:

```
/// <reference path="..." />
```

É a mais usada de todas e serve como uma declaração de dependência entre os arquivos. As referências *triplo-slash* instruem o compilador para incluir arquivos adicionais no processo de compilação.

Servem também como um método para ordenar a saída quando se usam os parâmetros **--out** ou **--outFile**. Os arquivos são enviados para o local do arquivo de saída na mesma ordem da entrada após o pré-processamento.

25.1 Pré-processamento dos arquivos de entrada

O compilador executa um pré-processamento nos arquivos de entrada para resolver todas as diretivas de referência para que os arquivos adicionais sejam adicionados à compilação.

O processo começa com um conjunto de arquivos que está na raiz do projeto, no mesmo diretório/pasta, especificado na linha de comando ou na lista **files** no arquivo *tsconfig.json*. Esses arquivos-raízes são pré-processados na mesma ordem em que são especificados. Antes que um arquivo seja adicionado à lista, todas as referências *triplo-slash* são processadas e seus objetos incluídos. As referências *triplo-slash* são resolvidas na ordem em que foram declaradas no arquivo.

É um erro fazer referência a um arquivo que não existe e também é um erro um arquivo ter referência para si mesmo.

25.2 Utilização de --noResolve

Se o parâmetro **--noResolve** for especificado na compilação, as referências *triplo-slash* serão ignoradas e não haverá a adição de novos arquivos nem a alteração da ordem dos arquivos fornecidos.

25.3 Utilização de /// <reference no-default-lib="true"/>

Esta diretiva marca um arquivo como uma biblioteca padrão. É vista normalmente nos arquivos do tipo *lib.d.ts* e suas variantes.

Essa diretiva instrui o compilador a não incluir a biblioteca padrão, ou seja, *lib.d.ts*, na compilação.

Se o parâmetro **--skipDefaultLibCheck** for adicionado, o compilador só irá ignorar a verificação dos arquivos com **/// <reference no-default-lib="true"/>**.

25.4 Utilização de /// <amd-module />

Por padrão, os módulos AMD são gerados de forma anônima e isso pode ser um problema quando outras ferramentas são utilizadas para processar os módulos resultantes.

A diretiva amd-module permite a passagem de um nome do módulo opcional para o compilador:

amdModule.ts

```
///<amd-module name="NomeModulo"/>
export class C {
}
```

Resultará na atribuição do nome **NomeModulo** ao módulo como parte da chamada do AMD declarado em **define**:

amdModule.js

```
define("NomeModulo", ["require", "exports"], function
(require, exports) {
    var C = (function () {
        function C() {
        }
        return C;
    })();
    exports.C = C;
});
```

Capítulo 26

Promessas

A compreensão das promessas pode ser feita como um encadeamento de hipóteses encadeadas de forma assíncrona. Criaremos um exemplo com promessas no TypeScript e veremos como funciona.

Iremos supor que uma criança deseja ganhar um videogame, mas ela só irá ganhá-lo se deixar a mãe feliz com seu desempenho durante o ano: boas notas, bom comportamento, enfim, tudo que os pais desejam.

Podemos definir que a promessa possui três estágios bem definidos:

- a promessa está pendente, você não sabe se ganhará o videogame;
- a exigência da promessa foi cumprida e você ganha o videogame;
- a exigência não foi cumprida, a promessa foi rejeitada e você não ganhará o videogame.

26.1 Preparando nosso ambiente de desenvolvimento

Para nosso ambiente, criamos uma pasta com o nome *typescript-promessas*, com uma subpasta *scripts*.

A partir do prompt na pasta *typescript-promessas* ou no menu do VS Code em View > integrated terminal, digitamos o comando:

```
tsc --init
```

Com esse comando, criamos o arquivo *tsconfig.json* .

Precisamos abrir o arquivo e alterar o parâmetro **target** de **es5** para **es6, como a seguir**:

```
{
    "compilerOptions": {
        "module": "commonjs",
        "target": "es6",
        "noImplicitAny": false,
        "sourceMap": false
    }
}
```

Devemos instalar a biblioteca do TypeScript para promessas, **promise**, e para isso, digitamos no terminal o comando:

```
npm install es6-promise
```

Também temos que criar o arquivo *task.json*, no VS Code, e digitamos shift+ctrl+p. Ao abrir a caixa de diálogo, selecione a opção configure task e escolha a opção TypeScript - Watch Mode, conforme ilustrado nas Figuras 26.1 e 26.2.

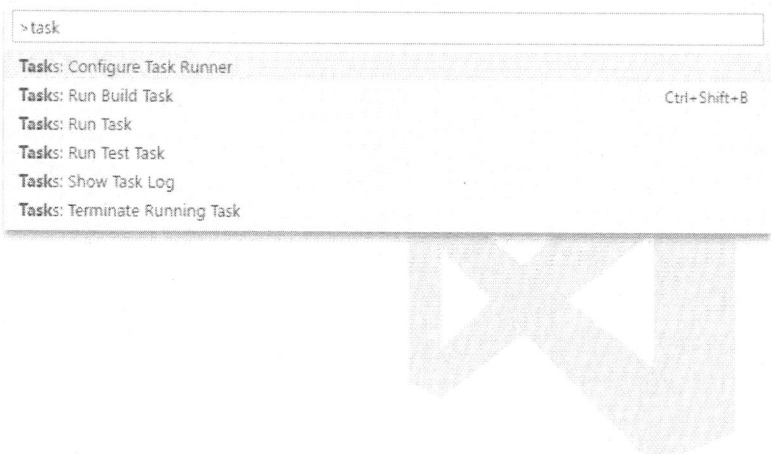

Figura 26.1– Criando o arquivo task.json.

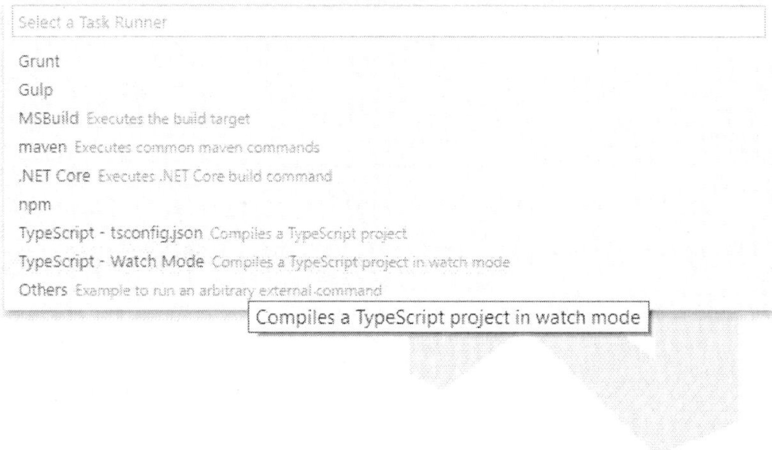

Figura 26.2 – Arquivo task.json.

Arquivo *task.json*:

```
{
    // See https://go.microsoft.com/fwlink/?LinkId=733558
    // for the documentation about the tasks.json format
    "version": "0.1.0",
    "command": "tsc",
    "isShellCommand": true,
    "args": ["-w", "-p", "."],
    "showOutput": "silent",
    "isWatching": true,
    "problemMatcher": "$tsc-watch"
}
```

26.2 Criando nossa primeira promessa

A sintaxe para a criação de uma promessa é bastante simples como a seguir:

```
new Promise(/* executor*/ function (resolve, reject) { ... }
);
```

O primeiro argumento, **resolve**, é o nome de um método que retorna o sucesso da promessa:

```
resolve(seu-valor-de-sucesso);
```

O segundo argumento, **reject**, é o nome de outro método que retorna o motivo, caso a promessa não obtenha sucesso:

```
reject(motivo-da-rejeicao);
```

Para criar a nossa primeira tarefa, criamos o script *typescript-v1.promise.ts* para demonstrar como funciona uma promessa simples.

typescript-v1.promise.ts

```
let mamaeEstaFeliz = true;
let vouGanharUmVideoGame = new Promise(
    function (promessaAceita, promessaRejeitada) {
        if (mamaeEstaFeliz) {
            let videoGame = {
                marca: 'X-box One',
                cor: 'preta'
            };
            console.log('mamãe esta feliz e você merece um
presente:');
            promessaAceita(videoGame); // promessa aprovada
        } else {
            let motivo = new Error('motivo: mamãe não esta
feliz');
           console.log('mamãe não esta feliz e ela vai
reclamar bastante:');
            promessaRejeitada(motivo); // promessa rejeitada
        }

    }
```

```
);

console.log(vouGanharUmVideoGame);
```

Para testar este script no VS Code, usamos o comando **Run Code**, aberto com o botão direito do mouse, ou o atalho **alt+ctrl+n** e obtemos o resultado no console, como demonstrado na Figura 26.3:

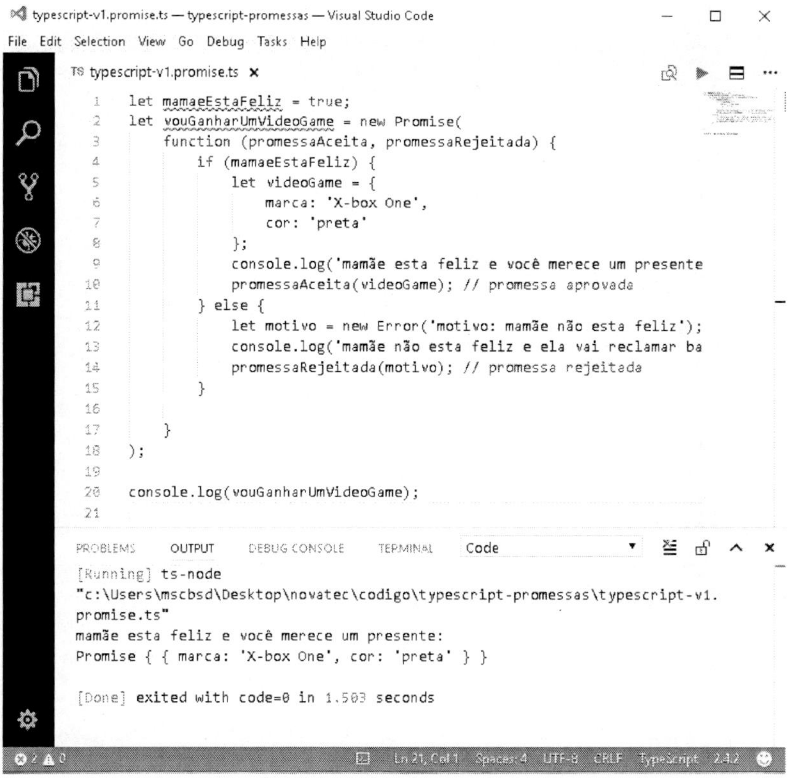

Figura 26.3 – Resultado do sucesso da promessa.

Este resultado se deve ao fato de que, na primeira linha do código, o valor de **mamaeEstaFeliz** está atribuído como **true**, retornando o valor de console.log e o valor retornado pelo método **promessaAceita.**

Para obtermos o resultado de uma promessa rejeitada, devemos alterar o valor de **mamaeEstaFeliz** de **true** para **false** usando o comando **Run Code** e o resultado é bastante diferente, como podemos ver na Figura 26.4.

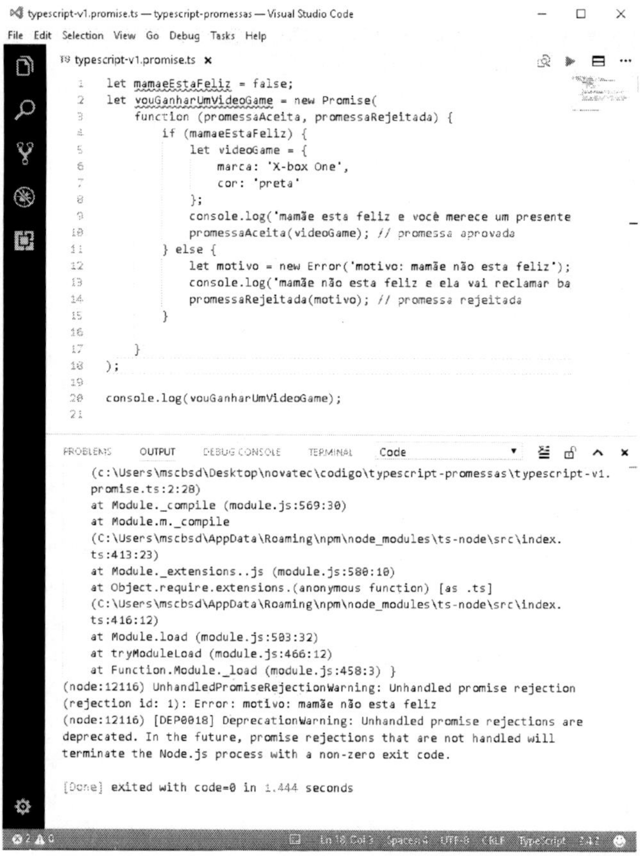

Figura 26.4– Resultado do não cumprimento da promessa.

Não se assuste muito com a quantidade de mensagens no terminal, iremos compreender o resultado.

Como agora o valor atribuído a **mamaeEstaFeliz** é **false**, a promessa foi rejeitada, mas isto não é um erro do script *typescript-v1.promise.ts,* e, sim, uma mensagem de erro pelo não cumprimento da promessa feita Note as seguintes linhas no console:

<rejected> Error: mamãe não esta feliz

(node:7404) UnhandledPromiseRejectionWarning: Unhandled promise rejection (rejection id: 1): Error: motivo: mamãe não está feliz

Recebemos um aviso, *warning*, de que a promessa foi rejeitada e o erro apresentado foi o **motivo** que criamos em:

```
let motivo = new Error('motivo: mamãe não esta feliz');
```

Iremos entender nosso código.

Temos um booleano **mamaeEstaFeliz**, a nossa promessa **vouGanharUmVideoGame**, que tanto pode ser resolvido retornando o resultado da função **promessaAceita** com o valor de **videoGame** como pode ser rejeitado retornando a função **promessaRejeitada** com o valor de **motivo**.

26.3 Consumindo promessas

Para consumirmos a promessa anterior, criaremos uma funcionalidade denominada **mamaeFeliz** para podermos verificar seu resultado:

```
let mamaeFeliz = function () {
    // Chamando e consumindo a promessa vouGanharUmVideoGame
    vouGanharUmVideoGame
        .then(function (muitoFeliz) {
            console.log('retorna o resultado positivo da
promessa:');
            console.log(muitoFeliz);
        })
        .catch(function (error) {
            console.log('retorna o resultado do não
cumprimento da promessa:');
            console.log(error.message);
        });
```

```
};
// Chamando a funcionalidade mamaeFeliz
mamaeFeliz();
```

O que fizemos na funcionalidade **mamaeFeliz** foi realizar um **.then .catch**, que retorna o sucesso ou não da promessa **vouGanharUmVideoGame.** Note que passamos o parâmetro **muitoFeliz** que será atribuído ao valor do sucesso da promessa e o parâmetro **error** para o caso do não cumprimento. Temos um atributo padrão **error.message** que é atribuído em **new Error** e comentando a linha **console.log(vouGanharUmVideoGame);** obtemos os seguintes resultados:

Se **let mamaeEstaFeliz** for verdadeiro, **true, como demostra a Figura 26.5**:

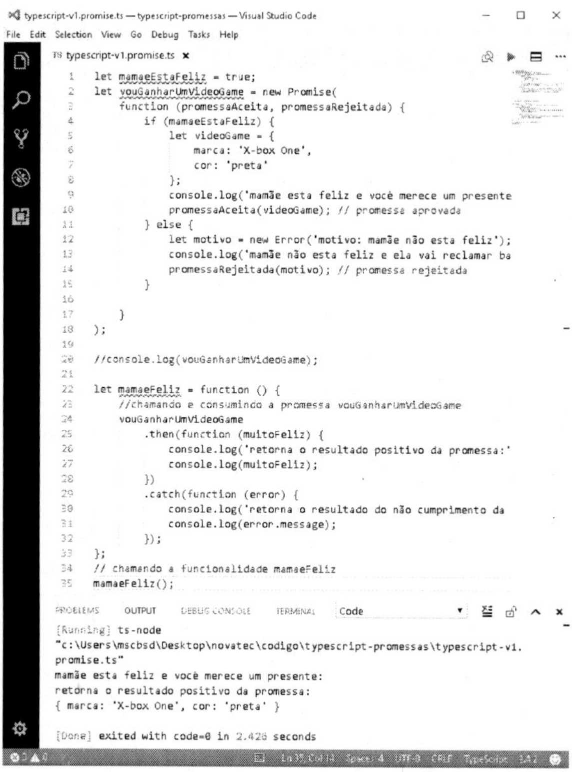

Figura 26.5 – Resultado de **mamaeEstaFeliz** true.

Mas se **let mamaeEstaFeliz** for falso, **false**:

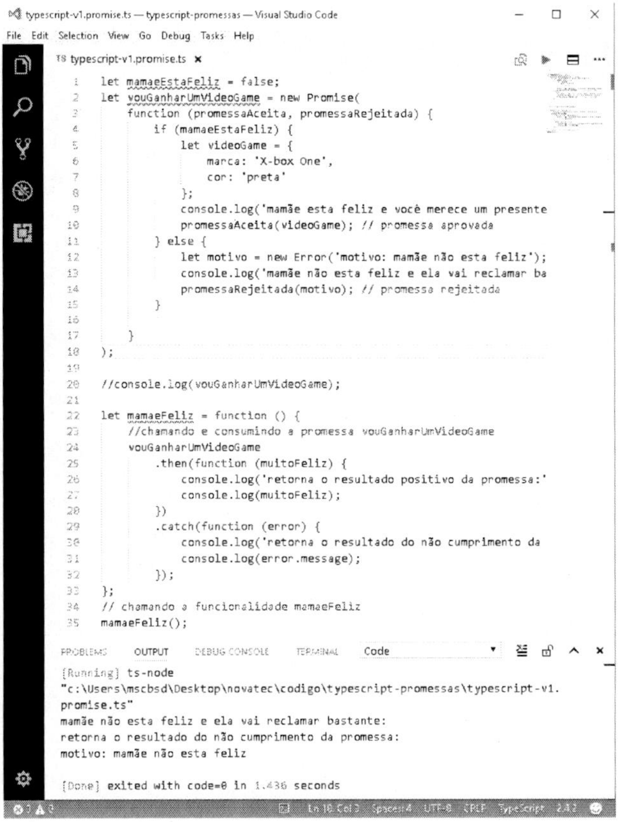

Figura 26.6– Resultado de **mamaeEstaFeliz** false.

26.4 Encadeando promessas

As promessas podem ser encadeadas. Iremos supor que você prometa a um amigo que irá chamá-lo para jogar quando ganhar o videogame, portanto, o código seria assim:

```
let vamosJogar = function (videoGame) {
    return new Promise(
        function (aceitar, rejeitar) {
            let jogar = 'Vamos jogar no meu novo videogame '
```

```
+ videoGame.marca;
                aceitar(jogar);
            }
        );
    };
```

Repare que não estamos chamando **rejeitar** para obter nenhum retorno, assim, podemos simplesmente não declarar, pois é opcional. Iremos alterar esta segunda promessa:

```
let vamosJogar = function (videoGame) {
    return new Promise(
        function (aceitar) {
            let jogar = 'Vamos jogar no meu novo videogame '
+ videoGame.marca;
            // retorna apenas o cumprimento da promessa
            return aceitar(jogar);
        }
    );
};
```

Agora, precisamos encadear as promessas e para isso, precisamos alterar o método **mamaeFeliz**:

```
let mamaeFeliz = function () {
    // chamando e consumindo a promessa vouGanharUmVideoGame
    vouGanharUmVideoGame
        .then(vamosJogar) // encadeamento da promessa
vamosJogar
        .then(function (muitoFeliz) {
            console.log('retorna o resultado positivo da
promessa:');
            console.log(muitoFeliz);
        })
```

```
        .catch(function (error) {
            console.log('retorna o resultado do não
cumprimento da promessa:');
            console.log(error.message);
        });
};
```

As promessas são assíncronas e para melhor compreender como são encadeadas, adicionaremos retornos ao console usando um **console.log** descritivo:

typescript-v2.promise.ts

```
let mamaeEstaFeliz = true;
let vouGanharUmVideoGame = new Promise(
    function (promessaAceita, promessaRejeitada) {
        if (mamaeEstaFeliz) {
            let videoGame = {
                marca: 'X-box One',
                cor: 'preta'
            };
            promessaAceita(videoGame); // promessa aprovada
        } else {
            let motivo = new Error('motivo: mamãe não esta
feliz');
            promessaRejeitada(motivo); // promessa rejeitada
        }

    }
);

let vamosJogar = function (videoGame) {
    return new Promise(
        function (aceitar) {
            let jogar = 'Vamos jogar no meu novo videogame '
+ videoGame.marca;
```

```
                // retorna apenas o cumprimento da promessa
                return aceitar(jogar);
            }
        );
};

let mamaeFeliz = function () {
    // chamando e consumindo a promessa vouGanharUmVideoGame
    console.log('Antes de verificarmos a promessa
vouGanharUmVideoGame');
    vouGanharUmVideoGame
        .then(vamosJogar) // encadeamento da promessa
vamosJogar
        .then(function (muitoFeliz) {
            console.log('retorna o resultado positivo da
promessa:');
            console.log(muitoFeliz);
        })
        .catch(function (error) {
            console.log('retorna o resultado do não
cumprimento da promessa:');
            console.log(error.message);
        });
    console.log('Depois de verificarmos
vouGanharUmVideoGame');
};
// chamando a funcionalidade mamaeFeliz
mamaeFeliz();
```

Note que primeiro declaramos as promessas e depois as chamamos. Lendo este código, temos a ideia de que teríamos um retorno da mensagem que adicionamos na mesma ordem em que estão escritas, como podemos ver na Figura 26.7:

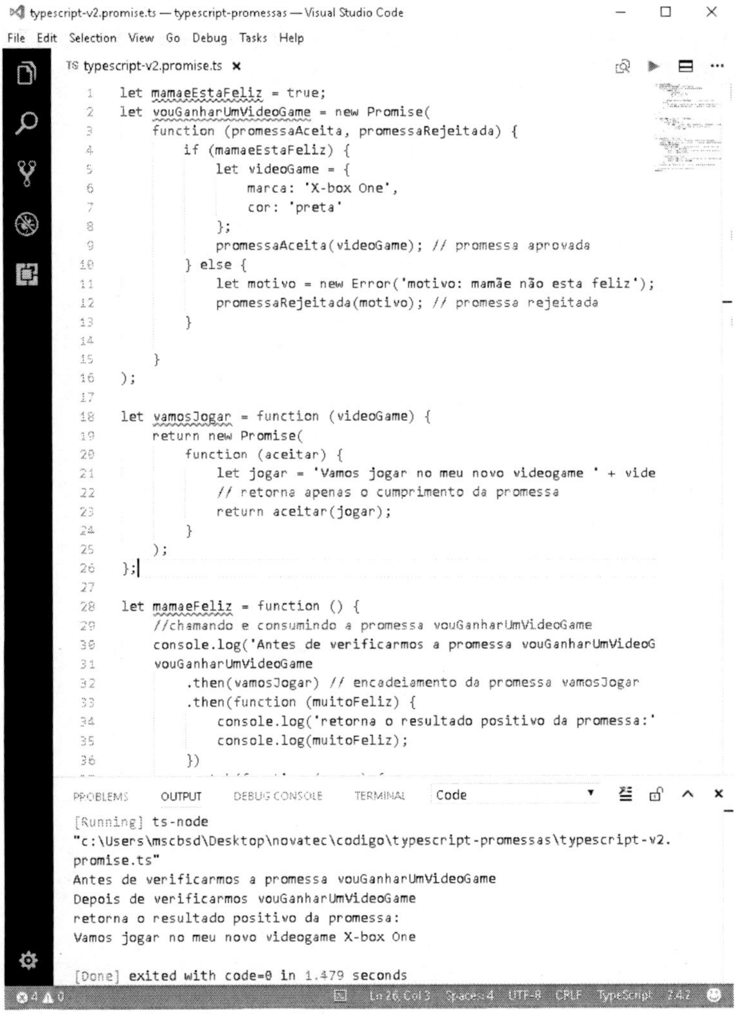

Figura 26.7– Resultado da versão 2 da promessa cumprida.

Mas as promessas são assíncronas, pois as crianças desejarão jogar videogame mesmo que uma delas não ganhe o esperado videogame. O TypeScript, assim como o JavaScript, se comporta da mesma forma. Se rodarmos nosso código no VS Code com *code runner*, teremos, na verdade, o seguinte resultado, como podemos ver na Figura 26.8:

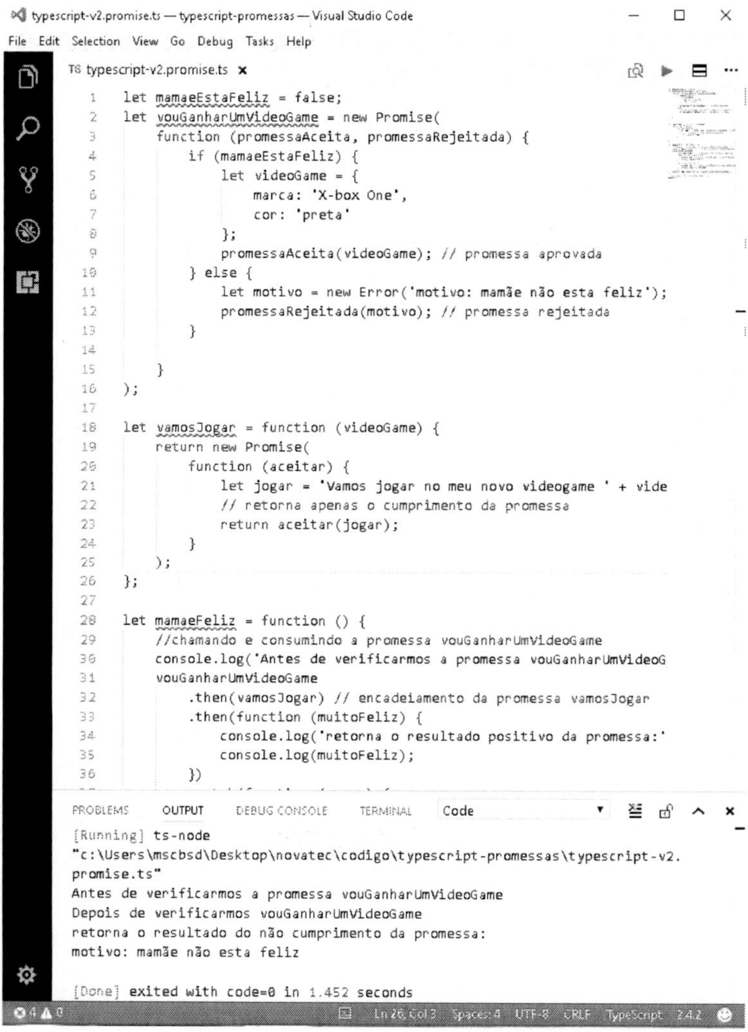

Figura 26.8– Resultado da versão 2 com a promessa não cumprida.

Esta é a forma como as promessas se comportam. De modo assíncrono, ela continua sendo executada mesmo sem saber ainda qual o retorno do comprimento ou não das promessas, assim, o encadeamento só tornou isto mais nítido.

26.5 Escrevendo promessas com os recursos do ES6

No ES6, temos a função seta que nos permite abstrair ainda mais o código. Podemos reescrever as promessas usando estes recursos do TypeScript e o código para esta nova versão pode ser reescrito assim:

- *typescript-v3.promise.ts*

```
/* ES6 com função seta */
const mamaeEstaFeliz = true;

// Primeira promessa
const vouGanharUmVideoGame = new Promise(
    (resolve, reject) => { // funcao seta
        if (mamaeEstaFeliz) {
            const videoGame = {
                marca: 'X-box One',
                cor: 'preta'
            };
            resolve(videoGame);
        } else {
            const motivo = new Error('motivo: mamãe não esta
feliz');
            reject(motivo);
        }

    }
);

// Segunda promessa
const vamosJogar = function (videoGame) {
    const jogar = 'Vamos jogar no meu novo videogame ' +
videoGame.marca;
    // Promise.resolve vem do construtor PromiseConstructor.
resolve
```

```
        return Promise.resolve(jogar);
    };

    // Chamar nossas promessas
    const mamaeFeliz = function () {
        vouGanharUmVideoGame
            .then(vamosJogar)
            .then(muitoFeliz => console.log(muitoFeliz)) //
    funcao seta
            .catch(error => console.log(error.message)); //
    funcao seta
    };

    mamaeFeliz();
```

Rodando nosso código no VS Code, temos o resultado:

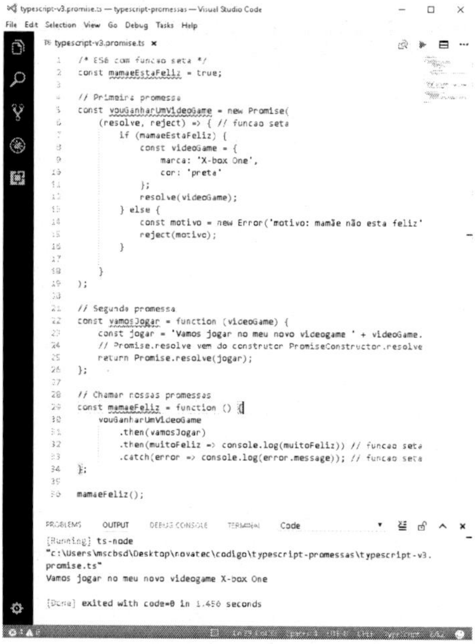

Figura 26.9– Resultado da versão 3 da promessa cumprida.

Se alterarmos **mamaeEstaFeliz** para falso, **false**, teremos o resultado:

Figura 26.10 Resultado da versão 3 da promessa não cumprida

Isto demonstra que, com o encadeamento, não poderemos jogar no meu novo videogame se mamãe não estiver feliz.

Note as mudanças no código. Na primeira promessa, poderíamos manter as funcionalidades **promessaAceita** e **promessaRejeitada**, mas por uma questão de padronização, usamos os nomes padrões do TypeScript **resolve** e **reject**, já na segunda promessa, como descartamos o parâmetro opcional, chamamos diretamente a funcionalidade **Promise.resolve**, que já está encapsulada no construtor de promessas do TypeScript, **PromiseConstructor**. Para termos uma melhor leitura do código, mantemos o uso do padrão *resolve/reject* e também trocamos nossos **let** por **const** para não permitir nenhum tipo de interferência externa — o código fica mais compacto e fácil de compreender que os exemplos anteriores.

26.6 Usando async e await

A especificação ES7 traz algumas novidades, entre elas as funcionalidades **async** e **await**, mas o melhor é que podemos usá-las com o TypeScript atual. Desde a especificação 2 do TypeScript, diversas funcionalidades da especificação ES7 foram adicionadas e nos ajudam muito a criar um código mais simples e prático para o entendimento humano. Iremos reescrever mais uma versão do código de promessas, propositalmente bastante modificado para uma compreensão mais humana:

- *typescript-v4.promise.ts*

```
/* Código TypeScript usando async e await da especificação
ES7 */
const mamaeEstaFeliz = true;

// Primeira promessa
const vouGanharUmVideoGame = new Promise(
    (mamaeFicouFeliz, mamaeNaoFicouFeliz) => {
        if (mamaeEstaFeliz) {
            const videoGame = {
                marca: 'XBox',
                cor: 'Preto'
            };
            mamaeFicouFeliz(videoGame);
        } else {
```

```
            const motivo = new Error('motivo: mamãe não esta
feliz');
            mamaeNaoFicouFeliz(motivo);
        }

    }
);

// Segunda promessa
async function vamosJogar(algumVideoGame) {
    return new Promise(
        (podemosJogar) => {
            const jogar = 'Vamos jogar no meu novo videogame
' + algumVideoGame.marca;
            podemosJogar(jogar);
        }
    );
};

// Chamar nossas promessas
async function mamaeFeliz() {
    try {
        console.log('Antes de saber se vou ganhar o
videogame');

        let esperoGanhar = await vouGanharUmVideoGame;
        let queremosJogar = await vamosJogar(esperoGanhar);

        console.log(queremosJogar);
        console.log('Depois de saber se vou ganhar o
videogame');
    }
    catch (error) {
        console.log(error.message);
```

```
        }
    }

    (async () => {
        await mamaeFeliz();
    })();
```

Note que as alterações que fizemos nos códigos possuem uma escrita mais humana. Temos a liberdade de nomear de forma muito mais humana nossas funcionalidades e o que elas representam. O que era inicialmente **promessaAceita** e **promessaRejeitada** agora pode ser descrito como **mamaeFicouFeliz** e **mamaeNaoFicouFeliz**. Os nomes anteriores podiam ser mantidos, mas em relação ao raciocínio, agora tudo faz muito mais sentido. Não estamos presos a **resolve** e **reject**, pois são funções anônimas que podemos nomeá-las de forma sensata em relação ao entendimento humano do nosso código. Assim, temos o retorno explícito de nossas promessas, **esperoGanhar**, como o retorno da promessa **vouGanharUmVideoGame** e **queremosJogar** como o retorno de **vamosJogar**, e o encadeamento se faz por chamada. O resultado da primeira promessa é o parâmetro da chamada da segunda promessa, não o fato de uma preceder a outra. Não temos que usar **.then** e **.catch**, não é o retorno de um erro e, sim, um resultado previsto das funcionalidades que criamos. O seu código é praticamente um texto corrido de ações, funcionalidades, parâmetros e variáveis.

Figura 26.11 Resultado da versão 4 da promessa cumprida

Figura 26.12 Resultado da versão 4 da promessa não cumprida

Além das vantagens inegáveis de termos um código muito mais fácil de ser lido e compreendido, imagine você fazendo a manutenção deste código após alguns meses. Também nos livramos dos transtornos causados pelas funções de callback, dos problemas de escopo das variáveis e dos comportamentos indesejáveis e inesperados que podem custar horas de trabalho.

Capítulo 27

RxJS

A programação reativa é um paradigma de programação orientada em torno dos fluxos de dados que propagam as alterações automaticamente.

Pode ser vista como uma forma de simplificar a criação das interfaces de usuário interativas, nas quais tudo depende da forma como o fluxo de dados interage.

A biblioteca RXJS é um conjunto de bibliotecas em JavaScript para representar os fluxos de dados assíncronos baseados em eventos, cria um objeto observador, *observer*, que é notificado sempre que ocorre um evento, e os fluxos de dados são denominados observáveis, *observable*, podendo emitir diversos eventos e serem contínuos ou limitados a um determinado número de eventos. O projeto é desenvolvido pela Microsoft em colaboração com a comunidade de desenvolvedores de código aberto.

Podemos dizer que os observáveis são uma forma encapsulada de promessas mais sofisticada, que cria uma padronização da interação entre o observador e os observáveis, uma forma mais automatizada de lidarmos com os eventos assíncronos.

27.1 Conceitos básicos

O **observável** representa a ideia de uma coleção de valores ou eventos futuros.

O **observador** é um conjunto de chamadas de retorno que sabe ouvir com os valores entregues pelo observável.

As **assinaturas** representam a realização de um observável.

Os **operadores** são funções puras que permitem interagir com coleções de diversas operações.

O **assunto** é equivalente a um emissor de eventos, é a forma de verificar se um valor ou vários eventos foram disparados para os observadores, é um tipo especial de observável que escuta diversos observadores.

Os **agendadores** são controles centralizados de ocorrências que permitem fazer a coordenação quando acontecem eventos como **setTimeout**, **requestAnimationFrame,** entre outros.

27.2 Instalando a biblioteca RxJS

Para instalar a biblioteca RxJS, digitamos o comando no terminal a partir da pasta de projeto:

```
npm install @reactivex/rxjs
```

Desta forma, temos todos os tipos de módulos disponíveis.

O resultado deve ser algo parecido com a saída, dependendo da versão disponível:

```
`-- rxjs@5.0.2
  `-- symbol-observable@1.0.4
```

27.3 Importando a biblioteca RxJ

Para importarmos a biblioteca RxJS, precisamos fazer uma importação para o TypeScript e é recomendável atribuir o observável a uma variável:

```
import * as RX from '@reactivex/rxjs/dist/cjs/Rx';
let Observavel = RX.Observable;
```

27.4 Formas de interação com o RxJS

Podemos interagir de diversas formas possíveis, pois a importância do RxJS está exatamente no fato de que podemos interagir com as coisas fora do nosso escopo no TypeScript, seja arquivo de sistemas, DOM-HTML, API externa, seja trazer os resultados das interações para dentro do nosso código TypeScript. Sua função é exatamente estabelecer essa ligação, principalmente nos sistemas de software complexos nos quais precisaríamos criar uma enorme quantidade de código.

Exemplos:

```
import * as RX from '@reactivex/rxjs/dist/cjs/Rx';

let Observavel = RX.Observable;

// Observar múltiplos valores
let observarValores = Observavel.of('valor1', 'valor2');
console.log('Resultado de observarValores');
console.log(observarValores);

// Observar um array
let observarArray = Observavel.from(['a',1,2,'b']);
console.log('Resultado de observarArray');
console.log(observarArray);

// Observar um evento
let observarEvento = Observavel.fromEvent(document.
querySelector('button'), 'click');


//Observar uma promessa
let observarpromesa = Observavel.fromPromise('nome-da-
promessa');
```

```
// Observar um retorno
let observarRetorno = Observavel.bindCallback('nome-da-
funcao-de-retorno');

// Observar todo o nó de uma funcao de retorno
let observar = Observavel.bindNodeCallback('nome-da-funcao-
de-retorno');

// Observar o retorno ajax
let capturarUrl = Observavel.ajax('endereço de uma url');
```

Capítulo 28

React

React é uma biblioteca JavaScript para criar interfaces do usuário.

É declarativo, usa um paradigma declarativo que torna mais fácil raciocinar sobre sua aplicação, é eficiente porque calcula o conjunto mínimo de alterações necessárias para manter seu DOM e funciona com diversas bibliotecas e frameworks JavaScript.

Para descrever as representações do componente DOM, React usa uma sintaxe semelhante ao XML chamada JSX. O JSX não o obriga a usar o React, mas torna o código mais legível e fácil de escrever, é como escrever HTML. Uma simples transpilação está incluída no React permitindo converter o JSX em JavaScript nativo para que os navegadores possam consumir sem problemas.

Foi criado por Jordan Walke, um engenheiro de software no Facebook. Ele foi influenciado pelo XHP, um framework de componentes HTML para PHP. Foi inicialmente implantado no newsfeed do Facebook em 2011 e, mais tarde, no Instagram em 2012.

É mantido pelo Facebook, Instagram e por uma comunidade de desenvolvedores. Vários sites conhecidos usam o React como o da Netflix, Imgur, Feedly, Airbnb, SeatGeek, HelloSign, Walmart e muitos outros.

Usa a sintaxe ES6 e para o TypeScript funciona como a importação de uma biblioteca externa JavaScript, ou seja, é escrito em TypeScript ES6 e transpilado para o JavaScript padrão ES5 — sua sintaxe é facilmente reconhecida pela sintaxe do TypeScript.

Tanto pode ser usado para fazer SPA, *single pages application*, ou seja, um aplicativo de uma única página que interage com o código JavaScript manipulando ações e eventos, como para criar componentes html como widgets e os componentes de interface do usuário que incluem janelas, botões, menus etc. Tem o objetivo de fornecer alguma funcionalidade ao usuário, por exemplo, um mapa, previsão do tempo, registro de um cadastro etc.

Existe também o React Native que permite criar aplicativos para os dispositivos móveis usando apenas JavaScript e HTML5 — ele usa o mesmo design do React. Foi inicialmente desenvolvido para criar o *app* móvel do Facebook.

O endereço na Internet oficial do React é:

https://facebook.github.io/react/

O endereço para o React Native é:

https://facebook.github.io/react-native/

28.1 Projeto React com TypeScript

Para nossos exemplos, criaremos uma pasta com o nome *typescript-react.*

Iremos abrir o terminal a partir do VS Code, *view>integrated terminal.*

Para ter uma melhor organização, é recomendado criar pastas separadas para cada projeto.

Uma forma prática de uso do VS Code é abri-lo a partir de uma pasta, conforme demostrado na Figura 28.1

Figura 28.1 Abrir com VS Code

Iremos seguir o exemplo disponibilizado pela Microsoft para entendermos como integrar o React ao TypeScript. O endereço do tutorial é:

> *https://github.com/Microsoft/TypeScript-Handbook/blob/master/pages/tutorials/React%20%26%20Webpack.md*

Na pasta de projetos *typescript-react*, criaremos a estrutura das pastas necessárias para o exemplo. Criaremos uma pasta *dist* que será a pasta-alvo dos arquivos JavaScript compilados e no caso de publicarmos o projeto, esta será a pasta que devemos levar para o servidor de aplicação. Também criaremos uma pasta para colocarmos nosso código TypeScript, uma pasta denominada *src* e dentro dessa pasta, uma subpasta denominada *components*.

Iremos inicializar o projeto com o comando **npm init** . Aparecerão no prompt diversas perguntas. Apenas pressione *Enter* ou coloque as informações que julgar necessárias ao projeto. Esse comando criará o arquivo *package.json* – ele deverá ficar parecido com este:

Arquivo *package.json.*

```
{
  "name": "typescript-react",
  "version": "1.0.0",
```

```
    "description": "exemplo livro TypeScript",
    "main": "index.js",
    "scripts": {
      "test": "echo \"Error: no test specified\" && exit 1"
    },
    "author": "Marcelo Soares da Costa",
    "license": "ISC"
}
```

A única pergunta que respondi sem pressionar *Enter* foi a pergunta **author**.

Iremos instalar a biblioteca Webpack a partir da pasta-raiz do nosso projeto digitando o comando:

```
npm install -g webpack
```

Aguarde a finalização da instalação da biblioteca. Webpack é uma biblioteca JavaScript que auxilia na criação de um arquivo JavaScript que agrupa nosso código e todas as dependências do nosso projeto em um único arquivo JavaScript.

Agora, instalaremos a biblioteca React, mas com um detalhe importante, faremos isso de forma a obter os arquivos de declarações de React para o TypeScript. Então, devemos adicionar ao pacote a notação *@types* e, desta forma, o TypeScript também estará no pacote. O comando para instalarmos é:

```
npm install --save react react-dom @types/react @types/
react-dom
```

Devemos também instalar uma biblioteca para permitir que o Webpack use o TypeScript como referência da compilação do código final, usando o *tsconfig.json* do TypeScript, que também usa o mapeamento de dependências do TypeScript — isto torna nossos arquivos TypeScript referências do projeto. Para instalarmos essas bibliotecas, executamos na linha de comando:

```
npm install --save-dev typescript awesome-typescript-loader
source-map-loader
```

Instalado o mapeamento para o Webpack usar o TypeScript, como referência ao projeto precisamos criar um arquivo *tsconfig.json*:

```
{
    "compilerOptions": {
        "outDir": "./dist/",
        "sourceMap": true,
        "noImplicitAny": true,
        "module": "commonjs",
        "target": "es5",
        "jsx": "react"
    },
    "include": [
        "./src/**/*"
    ]
}
```

Note as referências. O alvo de **outDir** será a pasta **dist**, o módulo padrão Commonjs do TypeScript será o responsável pela criação do módulo, nossa saída, **target**, será no padrão ES5 e os arquivos com a extensão *.jsx* usarão a biblioteca React.

Agora, criaremos nosso componente dentro da pasta *src/components*. No exemplo, o nome do componente deverá ser *Hello.tsx* — esse nome é apenas para seguirmos o tutorial, mas podemos dar o nome que quisermos, a única ressalva é que quando o declararmos, devemos usar o mesmo nome que foi dado. Nosso arquivo *Hello.tsx* deve conter o seguinte código:

- *Hello.tsx.*

```
import * as React from "react";
```

```
export interface HelloProps { compiler: string; framework: string; }

export class Hello extends React.Component<HelloProps, undefined> {
    render() {
        return <h1>Hello from {this.props.compiler} and {this.props.framework}!</h1>;
    }
}
```

O código importa a biblioteca React e cria uma interface **HelloProps,** que exige os tipos dos parâmetros a serem consumidos pela classe **Hello,** que é uma extensão da classe nativa **React.Component**. O método **render** é o responsável por retornar o código HTML parametrizado, tudo dentro do padrão TypeScript JSX.

O componente criado, precisa ser importado para a execução. Dentro da pasta *src*, um arquivo denominado *index.tsx* será o responsável pela carga do componente:

- *index.tsx.*

```
import * as React from "react";
import * as ReactDOM from "react-dom";

import { Hello } from "./components/Hello";

ReactDOM.render(
    <Hello compiler="TypeScript" framework="React" />,
    document.getElementById("example")
);
```

É importante notar que no arquivo *index.tsx*, fazemos a importação de dois componentes do React: o React propriamente dito e o React-DOM, que tem a responsabilidade de interagir com o DOM de um arquivo HTML. É comum vermos a referência de que o React cria um DOM virtual que interage com o código HTML e isto se dá desta forma. Também importamos o nosso componente **Hello** e o caminho do arquivo que o contém, e se o nome da classe exportada ou o nome do arquivo foi alterado, devemos colocar aqui exatamente o nome da classe e do arquivo que a contém. É uma importação/exportação comum do TypeScript com a qual estamos acostumados, mas o diferencial neste arquivo é o comando **render** que tem sua origem no **ReactDOM** e ele está referenciando a classe componente **Hello** e passando os dois parâmetros que são strings, atribuindo **compiler** como **TypeScript** e framework como **React.** Uma referência JavaScript no HTML, **document.getElementById,** para buscar é responsável por preencher o DOM com o código HTML na referência que contém o **Id example.** Precisamos de um arquivo HTML para podermos renderizar o resultado do nosso componente, assim, criaremos na raiz do projeto um arquivo *index.html* com as referências e cargas dos objetos:

- *index.html*.

```
<!DOCTYPE html>
<html>
    <head>
        <meta charset="UTF-8" />
        <title>Hello React!</title>
    </head>
    <body>
        <div id="example"></div>

        <!-- Dependencies -->
        <script src="./node_modules/react/dist/react.js"></
script>
        <script src="./node_modules/react-dom/dist/react-
dom.js"></script>

        <!-- Main -->
        <script src="./dist/bundle.js"></script>
    </body>
```

```
</html>
```

Temos um código HTML bastante simples, no qual existe uma referência em uma **div** com o **id="example"**, onde o **ReactDOM** irá renderizar o componente. Temos que adicionar a dependência à biblioteca *react.js* e *react-dom.js* com a tag **script** para podermos interpretar o código gerado pelo React, que fará a interpretação do método **render.** Uma tag **script** carrega o JavaScript gerado pelo Webpack e todos os módulos necessários para o funcionamento.

Precisamos instruir o Webpack a criar esse JavaScript e, para isso, devemos criar o arquivo *webpack.config.js* contendo as instruções necessárias:

- *webpack.config.js.*

```
module.exports = {
    entry: "./src/index.tsx",
    output: {
        filename: "bundle.js",
        path: __dirname + "/dist"
    },

    // Enable sourcemaps for debugging webpack's output.
    devtool: "source-map",

    resolve: {
        // Add '.ts' and '.tsx' as resolvable extensions.
        extensions: ["", ".webpack.js", ".web.js", ".ts",
".tsx", ".js"]
    },

    module: {
        loaders: [
            // All files with a '.ts' or '.tsx' extension
will be handled by 'awesome-typescript-loader'.
            { test: /\.tsx?$/, loader: "awesome-typescript-
```

```
loader" }
        ],

        preLoaders: [
            // All output '.js' files will have any
sourcemaps re-processed by 'source-map-loader'.
            { test: /\.js$/, loader: "source-map-loader" }
        ]
    },

    // When importing a module whose path matches one of the
following, just
    // assume a corresponding global variable exists and use
that instead.
    // This is important because it allows us to avoid
bundling all of our
    // dependencies, which allows browsers to cache those
libraries between builds.
    externals: {
        "react": "React",
        "react-dom": "ReactDOM"
    },
};
```

Basicamente, é um arquivo com referências para a exportação dos módulos e suas referências. Note que ele contém as promessas para carregar de forma assíncrona os arquivos para carregar os JavaScripts necessários para a transpilação e compilação do JavaScript resultante, que é declarado em **output** e tem sua referência em **entry,** o arquivo *index.tsx* responsável pela carga do módulo para gerar o JavaScript *bundle.js,* que conterá todas as referências necessárias. Para gerar o arquivo *bundle.js*, digitamos na raiz do projeto o comando **webpack**.

Para visualizar o resultado, temos que abrir no navegador o arquivo *index.html* e todo o JavaScript interpretado pelo conjunto React, TypeScript e Webpack será, então, renderizado pelo navegador.

O exemplo, mesmo fazendo uma renderização simples, é bastante ilustrativo para compreendermos como as bibliotecas e os componentes se comportam e interagem entre si. Existe uma infinidade de projetos de componentes disponíveis para pronto uso na Internet e isto não é diferente com o React. Muitos deles não usam o TypeScript como o transpilador de códigos, como em nosso exemplo, mas o TypeScript vem tornando-se a tendência de uso devido à sua fácil aprendizagem e por ter uma sintaxe mais intuitiva e humana. Você pode saber pouco ou quase nada de JavaScript para usá-lo.

Capítulo 29

Angular

O AngularJS, ou simplesmente Angular, é um framework, ou seja, uma abstração de códigos provendo funcionalidades genéricas, desenvolvido inicialmente em JavaScript e mantido pelo Google com o objetivo de facilitar a criação de páginas de aplicação única SPA, *single page aplication*. Aplica o conceito de estender o código HTML tradicional para apresentar um conteúdo dinâmico.

Construído sob o paradigma da programação declarativa, foi desenvolvido para criar interfaces de usuário e conectar componentes via ligações dinâmicas com a sincronização automática dos dados, *two way data binding*. Enfatiza a manipulação do DOM de forma explícita por marcações especiais denominadas diretivas.

As diretivas são como extensões do código HTML e podem ser tags ou atributos de tags HTML, muitas nativas do próprio AngularJS e outras que podem ser tags ou atributos customizados. Por exemplo, podemos criar uma diretiva denominada *minha-tag-faz-alguma-coisa*, criar um comportamento específico para ela, reagir a um evento, mostrar algum tipo de dado, gerar código HTML ou o que desejar, e simplesmente aplicar essa tag onde desejamos este comportamento no nosso código HTML, **<minha-tag-faz-alguma-coisa>Aqui tenho meu comportamento customizado</minha-tag-faz-alguma-coisa>**. A fim de termos o comportamento customizado do nosso código HTML, as diretivas nos permitem usar filtros, expressões, carregar módulos e controladores.

Podemos afirmar que o Angular foi introduzido a partir da estrutura *MVC, model-view-controler,* com os conceitos *MVVC, model-view-view-controler*, até o estágio *MV*, model-view-wherever*, ou seja, temos um modelo de dados, uma *view* que é representada pelo código HTML e alguma coisa que está presente fazendo a ligação de duas vias entre ambos. O AngularJS tem um serviço chamado **$scope** que detecta alterações no modelo de dados e modifica o HTML a partir de um controlador, *controler*, da mesma forma como qualquer alteração no HTML é refletida no modelo de dados.

O Angular foi originalmente desenvolvido em 2009 por Miško Hevery e Adam Abrons como um serviço de armazenamento JSON, que tinha como modelo de negócio cobrar por megabyte transferidos para as aplicações pré-construídas. Teve seu início em GetAngular.com, mas eles abandonaram a ideia comercial e decidiram distribuir o AngularJS como um framework *open-source*. Abrons deixou o projeto, mas Hevery, que trabalha no Google, continuou seu desenvolvimento e manteve o framework em conjunto com alguns colegas, destacadamente Igor Minár e Vojta Jína.

Uma característica marcante do Angular é a velocidade de seu desenvolvimento constante, ela é simplesmente absurda. A versão 1.X usava o compilador Traceur e também tinha a versão DART, um projeto do Google que inicialmente tinha como meta substituir o JavaScript nos navegadores; foi totalmente migrado para o TypeScript em sua versão 2.X e seis meses após a chegada da versão 2.X, foi anunciado que não haveria a versão 3 que tinha como objetivo diminuir a necessidade de gerar código para criar uma aplicação Angular. O TypeScript absorveu parte do código do compilador Traceur do Google — esse código foi denominado AtScript —, isso promoveu uma equiparação entre os compiladores usados pelo Google e a MicroSoft, o que favoreceu a compatibilidade dos códigos gerados.

O desenvolvedor do Google, Igor Minar, disse na Bélgica, durante a conferência NG-BE 2016, que eles pularão para a versão 4, que o programa de atualizações é bastante agressivo, eles esperam lançar essa versão até março de 2017, a versão 5 deverá estar disponível entre setembro e outubro de 2017, seis meses depois está prevista a versão 6, a versão 7 tem como objetivo ser entregue entre setembro e outubro de 2018, as novas versões serão totalmente desenvolvidas em TypeScript de ultima geração, a escrita do código necessária cairá drasticamente, terá uma integração com IDEs facilitada, com o máximo de compatibilidade de compilação possível antecipada, em todo o Google eles atualizaram a versão que usava o TypeScript versão 1.8 para a versão 2.1 e a migração foi simplesmente trivial.

Outro detalhe é quanto ao nome, ele afirmou que não se chamará AngularJS nem Angular4, agora passará a se chamar simplesmente Angular. O motivo pelo qual não haverá a versão 3 foi devido a um problema de versionamento, pois havia um pacote, mais especificamente o pacote de **Router**, que já usava a nomenclatura 3.X.

O endereço na Internet oficial do AngularJS é:

https://angularjs.org/

Já o endereço para o Angular agora é simplesmente:

https://angular.io/

Podemos ler literalmente o que o Google declara sobre o Angular

Por que Angular?

O HTML é ótimo para declarar documentos estáticos, mas hesita quando tentamos usá-lo para declarar exibições dinâmicas em aplicativos da web. O AngularJS permite ampliar o vocabulário em HTML para sua aplicação. O ambiente resultante é extraordinariamente expressivo, legível e rápido para desenvolver.

Alternativas

Outros frameworks lidam com as deficiências do HTML para abstrair de alguma forma o HTML, CSS e/ou JavaScript, ou fornecendo uma maneira imperativa de manipular o DOM. Nenhuma dessas soluções ataca o problema-raiz, que é o fato do HTML não ter sido projetado para as exibições dinâmicas.

Extensibilidade

O AngularJS é um conjunto de ferramentas para a construção do framework mais adequado ao seu desenvolvimento de aplicativos. É totalmente extensível e funciona bem com outras bibliotecas. Cada recurso pode ser modificado ou substituído para se adequar ao seu fluxo de trabalho de desenvolvimento exclusivo, customizado e a necessidades de recursos.

29.1 Projeto Angular

Um dos pontos fortes do Angular é sua facilidade de construção de projetos, mas como todos nós sabemos, os projetos crescem e ficam cada vez mais complexos, assim, escolher entre muitas opções pode ser difícil, principalmente se não temos o domínio completo da solução. Algumas soluções podem atender-nos muito bem a princípio e um pequeno detalhe lá no meio do projeto exige um enorme esforço para trazer tudo para uma conformidade. Desde a estrutura dos arquivos de dados até o uso de bibliotecas externas, muitos são os fatores a serem pensados antes de iniciar um projeto.

Com o Angular não é muito diferente. Mesmo após a decisão de usar o Angular em seu projeto, ainda existem muitas questões a serem pensadas e analisadas. A popularidade do Angular, sua facilidade de criar módulos, bibliotecas, diretivas etc. só dificultam o processo de escolha da solução mais adequada. Mas para cada problema que surge e se multiplica no meio dos desenvolvedores, alternativas criativas são desenvolvidas e observando isso, os próprios desenvolvedores do Angular foram adotando soluções para facilitar o desenvolvimento, dando diretivas de melhores práticas para os desenvolvedores terem sua vida facilitada, desde a estrutura de arquivos até o design do layout.

29.1.1 O básico

Antes de ser reescrita em TypeScript, a versão 1.X do Angular poderia ser uma enorme quantidade de bibliotecas JavaScripts interagindo entre si. Mas vamos ao exemplo básico clássico no AngularJS 1.X.

Veja o código de exemplo básico:

- *angularjs-basico.html*

```
<!doctype html>
<html ng-app>
  <head>
    <script src="https://ajax.googleapis.com/ajax/libs/
angularjs/1.6.1/angular.min.js"></script>
  </head>
  <body>
    <div>
      <label>Name:</label>
      <input type="text" ng-model="yourName"
placeholder="Enter a name here">
      <hr>
      <h1>Hello {{yourName}}!</h1>
    </div>
  </body>
</html>
```

Note as diretivas do Angular, presentes como atributos HTML. O atributo **ng-app** é um critério padrão que informa ao Angular qual parte do código HTML ele deve observar e interagir como aplicação. Já o atributo **ng-model** indica onde o modelo de dados possui uma entrada de dados vindo de algum lugar, é o popular **yourName**, e tem a síntese entre chaves duplas, {{**yourName**}} — é a referência de saída do modelo de dados, por isso tem o mesmo nome. Experimente este código e veja o que ele faz. Ao digitar no **input**, ele completa o HTML substituindo o que está entre chaves duplas pelo que você digitou. Convém notar que o JavaScript foi carregado a partir de *https://ajax.googleapis.com.*

O exemplo básico na versão Angular2.X no TypeScript pode ser visto no endereço:

https://embed.plnkr.co/?show=preview&show=app%2Fapp.component.ts

O código HTML apresentado:

- *index.html*

```
<!DOCTYPE html>
<html>
  <head>
    <title>Hello Angular</title>
    <meta charset="UTF-8">
    <meta name="viewport" content="width=device-width,
initial-scale=1">
    <style>
      body {color:#369;font-family: Arial,Helvetica,sans-
serif;}
    </style>

    <!-- Polyfills for older browsers -->
    <script src="https://unpkg.com/core-js/client/shim.min.
js"></script>

    <script src="https://unpkg.com/zone.
js@0.7.4?main=browser"></script>
    <script src="https://unpkg.com/reflect-metadata@0.1.8"></
script>
    <script src="https://unpkg.com/systemjs@0.19.39/dist/
system.src.js"></script>

    <script> window.autoBootstrap = true; </script>

    <script src="https://cdn.rawgit.com/angular/angular.io/
b3c65a9/public/docs/_examples/_boilerplate/systemjs.config.
web.js"></script>
    <script>
      System.import('app').catch(function(err){ console.
error(err); });
    </script>
  </head>
```

```
  <body>
    <my-app>Loading AppComponent content here ...</my-app>
  </body>

</html>


<!--
Copyright 2016 Google Inc. All Rights Reserved.
Use of this source code is governed by an MIT-style license
that
can be found in the LICENSE file at http://angular.io/license
-->
```

O código TypeScript:

- *app/app.component.ts*

```
import { Component } from '@angular/core';

@Component({
  selector: 'my-app',
  template: `<h1>Hello {{name}}</h1>`
})
export class AppComponent { name = 'Angular'; }

/*
Copyright 2016 Google Inc. All Rights Reserved.
Use of this source code is governed by an MIT-style license
that
can be found in the LICENSE file at http://angular.io/license
*/
```

Este código em TypeScript é bastante familiar. Importamos de **angular/core** um componente chamado **Component**, aplicamos nele alguma propriedade como seletor, **selector**, anexamos um template, parte de um código HTML, em seguida, exportamos nosso objeto com o nome de **AppComponent,** com o atributo **name** que recebeu o valor **Angular.** Observe que o valor de **selector** tem seu correspondente no código HTML e está representado na tag **<my-app>**, onde será renderizado o resultado da aplicação. Não há nenhuma interação, o objetivo é apenas mostrar a sintaxe TypeScript com o Angular. Como você deve ter percebido agora que programamos no TypeScript, o Angular é uma ferramenta adicional para facilitar a criação de aplicativos, ou seja, um framework, uma abstração de códigos provendo funcionalidades.

Cabe também observar a licença do código e caso você não conheça uma tradução, o Google Tradutor nos ajuda bastante:

Licença MIT Copyright (c) 2014-2016 Google, Inc. É concedida permissão, a título gratuito, a qualquer pessoa que obtenha uma cópia do Software e arquivos de documentação associados (o "Software"), para o Software sem restrições, incluindo, sem limitação, os direitos para usar, copiar, modificar, fundir, publicar, distribuir, sublicenciar e/ou vender cópias do Software, e para as pessoas a quem o Software foi fornecido para tal efeito, sob reserva das seguintes condições: O aviso de copyright acima e este aviso de permissão devem ser todas as cópias ou partes substanciais do Software. O SOFTWARE É FORNECIDO "NO ESTADO", SEM GARANTIA DE QUALQUER TIPO, EXPRESSA OU IMPLÍCITA, INCLUINDO, MAS NÃO SE LIMITANDO, AS GARANTIAS DE COMERCIALIZAÇÃO, APTIDÃO PARA UMA FINALIDADE ESPECÍFICA E NÃO VIOLAÇÃO. EM NENHUMA CIRCUNSTÂNCIA OS AUTORES OU TITULARES DOS DIREITOS AUTORAIS SERÃO RESPONSÁVEIS POR QUALQUER RECLAMAÇÃO, DANOS OU OUTRAS RESPONSABILIDADES, SEJA EM UMA AÇÃO DE CONTRATO, ATO SEJA DE OUTRA FORMA, DECORRENTE, FORA OU EM CONEXÃO COM O SOFTWARE, O USO OU OUTRO SOFTWARE.

O motivo da tradução básica do Google Tradutor, e não uma tradução interpretada, é por uma questão de licenciamento, pois todo e qualquer licenciamento tem validade de interpretação somente referente à língua nativa da licença, ou seja, as possíveis interpretações diferentes da apresentada na língua nativa não têm nenhuma validade jurídica.

O importante a entender é que não se pode alterar a licença contida no código que já tem uma licença declarada. Você pode colocar a licença que desejar nos arquivos que criou, neste caso, temos uma licença do tipo MIT que, assim como as licenças BSD e Apache, é reconhecida como licença permissiva, ou seja, você pode usar o software, pode alterar qualquer parte do software, pode vender o software ou parte dele, mas não pode, de forma alguma, alterar a licença de onde ela está declarada. As licenças do tipo GNU possuem premissas diferentes, principalmente em relação aos trabalhos derivativos que usam, mesmo que seja uma parte do código original.

Por outro lado, se o código não tiver uma licença declarada e tiver disponibilidade pública, ele será considerado um código público, assim, você nem ninguém terá o direito de se declarar dono de um código público.

29.1.2 QuickStart

São repositórios de códigos TypeScript para aprendizagem e uso do Angular, com o objetivo de ajudar na prática de clonar um projeto Angular/TypeScript para que você possa usufruir dos componentes desenvolvidos pela comunidade. O exemplo básico se encontra no endereço:

```
https://github.com/angular/quickstart
```

É necessário ter o Git instalado em seu ambiente de desenvolvimento. Para iniciarmos um clone, devemos criar uma pasta-raiz para todos os projetos. Crie uma pasta, chame-a de *typescript-angular,* abra a pasta pelo VS Code e abra o terminal. Digitaremos o comando **git** para clonarmos o projeto e entrarmos na pasta do projeto específico:

```
git clone https://github.com/angular/quickstart meu-
quickstart
cd meu-quickstart
```

Removeremos as referências do Git neste projeto. Para as plataformas Windows, digite o comando **rd .git /S/Q** e para as demais plataformas, o comando **rm -rf .git**.

Para instalarmos todos os pacotes e suas dependências dentro da pasta do projeto *meu-quickstart* **devemos,** digite o comando:

```
npm install
```

Este comando lerá o arquivo *package.json* do projeto e instalará todas as bibliotecas listadas no arquivo. É uma forma automatizada de instalar o clone de um projeto. Terminada a instalação, digite o comando que irá compilar o projeto na pasta e exibir o projeto no navegador padrão do sistema operacional:

```
nmp start
```

Será aberto seu navegador padrão no endereço *http://localhost:3000/* . A ideia é simplificar a utilização dos componentes já criados pela comunidade — esta é uma forma simples e prática para podermos aprender e descobrir como adicionamos componentes a um projeto Angular. Todas as alterações feitas nos arquivos serão compiladas em tempo real e o resultado será exibido no navegador.

29.1.3 Angular-cli

Outra ferramenta para criarmos um projeto no Angular é Angular-cli. Essa ferramenta cria um projeto dentro dos padrões recomendados com as principais bibliotecas e pacotes do Angular. Seu endereço é:

https://cli.angular.io/

Essa poderosa ferramenta criará um projeto com a estrutura e nomenclatura recomendada pela equipe de desenvolvimento do Angular. Para instalar a ferramenta de forma global em seu ambiente, já que você provavelmente irá usá-la para vários projetos, digite na linha de comando:

```
npm install -g angular-cli
```

Uma vez instalado o Angular-cli, para iniciar um projeto, vamos para a pasta-raiz de projetos, *typescript-angular*, e executamos o comando:

```
ng new exemplo-angular-cli
```

Este comando criará um projeto padrão denominado *exemplo-angular-cli* . Após o término da criação do projeto, entre na pasta dele para executar o comando que irá compilar o nosso projeto criado:

```
cd exemplo-angular-cli
ng serve
```

Será gerado um projeto padrão que pode ser visualizado no endereço: *http://localhost:4200.*

Abra esse endereço no navegador e veja a mágica acontecendo — será mostrada uma mensagem de sucesso.

Essa ferramenta tem inúmeros recursos. Você pode criar e adicionar componentes, fazer roteamento. Ela tem o objetivo de auxiliar a criação de novos projetos no Angular, inclusive criar arquivos de publicação, ou seja, os códigos necessários para que você disponibilize o projeto em seu ambiente de produção. Com o comando **ng build**, adicionar recursos do TypeScript ao seu projeto Angular fica bastante automatizado.

29.1.4 Angular-material

É um projeto do Google que tem por objetivo não só facilitar o desenvolvimento de aplicações, como também criar diretrizes de design de aplicativos, principalmente para a plataforma Android. Você reconhecerá facilmente os componentes do *Angular-material* com os componentes usados nos *apps* de celulares. São desenhados para funcionarem em todas as plataformas e têm a intenção de padronizar e facilitar a criação de *apps* provendo todos os recursos, não só o design de telas, como também a criação de aplicativos que usam os componentes padronizados. São como peças de montagem para você usar diretamente em seus aplicativos.

Para usar o Angular-material com o Angular2.X, que usa o TypeScript, você pode ler a página de referência do projeto em *https://github.com/angular/material2* . Você pode adicionar o conjunto de componentes do Angular-material a seu projeto criado com o Angular-cli importando as bibliotecas do Angular-material para seu projeto. Na pasta de exemplo do Angular-cli, basta executar o comando:

```
npm install --save @angular/material
```

Para adicionar ao projeto, precisamos editar o arquivo de configuração de módulos:

- *src/app/app.module.ts.*

```
import { MaterialModule } from '@angular/material';
import { BrowserModule } from '@angular/platform-browser';
import { NgModule } from '@angular/core';
import { FormsModule } from '@angular/forms';
import { HttpModule } from '@angular/http';

import { AppComponent } from './app.component';

@NgModule({
  declarations: [
    AppComponent
```

```
    ],
    imports: [
      BrowserModule,
      FormsModule,
      HttpModule,
      MaterialModule
    ],
    providers: [],
    bootstrap: [AppComponent]
  })
  export class AppModule { }
  export class PizzaPartyAppModule { }
```

A quantidade de diretivas de componentes para o Angular-material é grande e tem quase tudo que você precisa para criar sua aplicação usando o TypeScript e o AngularJS. Veja alguns exemplos e aplicações no endereço:

https://github.com/angular/material2

A lista é extensa e as novidades são constantes. Vale a pena acompanhar de perto o que está acontecendo.

29.1.5 Mais diretivas e componentes

Pela facilidade de criação de diretivas e componentes no Angular, diversos projetos foram criados a fim de facilitar a vida dos desenvolvedores, inclusive criando um novo tipo de desenvolvedor, de componentes e diretivas, publicando seus trabalhos e oferecendo os serviços de suporte e atualização de seus componentes. Lembra, de certa forma, um pouco, os criadores de plug-ins para cms, ou seja, os profissionais que buscam trabalhar ou complementar sua renda vendendo suas habilidades e conhecimentos.

Ng-bootstarp - *https://ng-bootstrap.github.io/#/home*

A evolução do projeto UI-Boostrap, *https://angular-ui.github.io/bootstrap/,* talvez seja a biblioteca de diretivas mais utilizada no Angular, principalmente devido à sua facilidade de implementação e a uma comunidade de desenvolvedores extremamente ativa e com farta documentação.

- Kendo UI Angular2 - *http://www.telerik.com/kendo-angular-ui/*

Muito utilizado para as aplicações comerciais, é relativamente fácil de ser implementado e possui uma boa documentação.

- Owsen UI – *https://onsen.io/*

O framework mais utilizado no mundo domina principalmente no mercado asiático, tem muitos recursos e boa documentação.

- PrimeNg - *http://www.primefaces.org/primeng/#/*

As demonstrações parecem muito boas, não tive a oportunidade de experimentá-las.

- Vaadin - *https://vaadin.com/elements*

Usando o Angular2 com Polymer, possui muitos recursos com boa documentação.

Capítulo 30

Arquivo de configuração tsconfig.json

Visão geral

A presença de um arquivo *tsconfig.json* em um diretório indica que o diretório é a raiz de um projeto TypeScript. O arquivo *tsconfig.json* especifica quais arquivos-raiz e opções do compilador serão necessárias para compilar o projeto. Um projeto é compilado de uma das seguintes maneiras:

30.1 Usando o arquivo tsconfig.json no projeto

Ao chamar o comando **tsc** sem arquivos de entrada, as pesquisas do compilador começam no arquivo *tsconfig.json* no diretório atual e continuam até a cadeia do diretório-pai.

Ao chamar **tsc** sem arquivos de entrada e o parâmetro **--project**, ou apenas usando a forma contraída **-p**, a opção da linha de comando especifica o caminho de um diretório que contém um arquivo *tsconfig.json*.

Quando os arquivos de entrada são especificados na linha de comando, o arquivo *tsconfig.json* é ignorado.

Exemplos de arquivos tsconfig.json:

```
 Usando a propriedade "files":
{
   "compilerOptions": {
```

```
        "module": "commonjs",
        "noImplicitAny": true,
        "removeComments": true,
        "preserveConstEnums": true,
        "outFile": "../../scripts/src/tsc.js",
        "sourceMap": true
    },
    "files": [
        "arquivo1.ts",
        "arquivo2.ts",
        "arquivo3.ts",
    ]
}
```

Usando a propriedade **exclude:**

```
{
    "compilerOptions": {
        "module": "commonjs",
        "noImplicitAny": true,
        "removeComments": true,
        "preserveConstEnums": true,
        "outFile": "../../scripts/src/tsc.js",
        "sourceMap": true
    },
    "exclude": [
        "node_modules",
        "wwwroot"
    ]
}
```

A propriedade **compilerOptions** pode ser omitida, neste caso, será utilizado o padrão do compilador.

Se nenhuma lista de **files** for declarada em um arquivo *tsconfig.json*, por padrão, o compilador incluirá todos os arquivos TypeScript nos diretórios e subdiretórios do projeto, com as extensões *.ts* ou *.tsx*. Quando uma lista de **files** está presente, apenas os arquivos especificados são incluídos.

Se a propriedade **exclude** for especificada, o compilador incluirá todos os arquivos com extensão *.ts* e *.tsx* tanto no diretório como nas subpastas, exceto para os arquivos ou pastas declarados em **exclude**.

A propriedade **files** não pode ser usada em conjunto com a propriedade **exclude**. Se ambas forem acidentalmente declaradas, a declaração **files** terá preferência.

Todos os arquivos referenciados, aqueles especificados na propriedade **files,** também serão incluídos. Se um arquivo *B.ts* for referenciado por outro arquivo *A.ts*, então, *B.ts* não poderá ser excluído, a menos que o arquivo de referência *A.ts* também seja especificado na lista de declaração **exclude**.

Um arquivo *tsconfig.json* pode estar completamente vazio, desta forma, o compilador entende que todos os arquivos da pasta e subpastas devem ser compilados com as opções padrões do compilador.

As opções do compilador especificadas na linha de comando substituem as especificadas no arquivo *tsconfig.json*.

30.1.1 Usando o arquivo tsconfig.json na IDE

Defina na IDE uma propriedade de nível superior **compileOnSave** para a IDE gerar todos os arquivos de um determinado *tsconfig.json*.

```
{
    "compileOnSave": true,
    "compilerOptions": {
        "noImplicitAny" : true
    }
}
```

Este recurso está disponível no VS Code, Visual Studio 2015 e Atom.

30.2 Tipagens para pacotes NPM

O compilador do TypeScript determina os nomes dos módulos seguindo o algoritmo de resolução do Node.js. O TypeScript também pode usar as tipagens que fazem parte dos pacotes NPM. O compilador tentará descobrir as tipagens para o módulo especificado usando o seguinte conjunto de regras:

1. Tenta carregar o arquivo *package.json* localizado na pasta do projeto. Se estiver presente, lerá o caminho para os arquivos descrito no campo **typings**.

Por exemplo, no *package.json* que se segue, o compilador determinará os tipos em *node_modules/foo/lib/foo.d.ts*:

```
{
    "name": "foo",
    "author": "Vandelay Industries",
    "version": "1.0.0",
    "main": "./lib/foo.js",
    "typings": "./lib/foo.d.ts"
}
```

2. O compilador tentará carregar um arquivo chamado *index.d.ts* localizado na pasta do pacote *node_modules/foo/* . Esse arquivo deve conter as tipagens para o pacote.

Seus arquivos de definições devem:

- ser arquivos na forma *.d.ts*;
- ser escritos como módulos externos;
- não conter referências *triplo-slash*.

Não se deve trazer novos itens compiláveis para o conjunto de arquivos compilados, caso contrário, os arquivos reais de implementação do pacote poderão ser substituídos durante a compilação. Isto evita a contaminação do escopo global que pode gerar conflitos, como o uso de diferentes versões de bibliotecas padrões.

ANOTAÇÕES

Impressão e acabamento
Gráfica da Editora Ciência Moderna Ltda.
Tel: (21) 2201-6662